매일 듣고 싶은
한마디
365

매일 듣고 싶은 한마디 365

초판 1쇄 인쇄 2025년 3월 18일
초판 1쇄 발행 2025년 3월 25일

지은이 | 김옥림
펴낸이 | 최윤하
펴낸곳 | 정민미디어
주 소 | (151-834) 서울시 관악구 행운동 1666-45, 3층
전 화 | 02-888-0991
팩 스 | 02-871-0995
이메일 | pceo@daum.net
홈페이지 | www.hyuneum.com
편 집 | 미토스
표지디자인 | 강희연
본문디자인 | 디자인 [연;우]

ISBN 979-11-91669-87-9 (03320)

매일 듣고 싶은
한마디
365

김옥림 지음

정민
미디어

내 인생을 탄탄하게 하는
문장의 힘

인생은 누구에게나 공평하게 주어진 단 한 번뿐인 창조주의
선물입니다. 그렇기에 인생을 함부로 산다는 것은 생명을 주
신 창조주에 대한 모독이자 자신을 스스로 학대하는 것과 다
름없습니다.

한번 생각해보세요, 그 많은 생명 중 사람으로 태어난다는 것
이 얼마나 큰 축복인지를. 또 생각해보세요, 그 많은 나라 중
자유와 평화 가득한 선진 문명국의 일원으로 태어나 고귀한
삶을 영위한다는 것이 얼마나 큰 행운인지를.

물론 아무리 좋은 환경에서 태어났다고 해도 풍요롭고 멋진
자기만의 인생을 온전히 실현하려면 날마다 자신을 치열하
게 갈고닦는 노력을 해야 합니다. 그 어떤 인생이든 그냥 이
루어지는 것은 없는 까닭입니다.

자기 나름의 뜻을 펼치고 인생을 보람 있게 산다는 것은 더
없는 행복이자 삶의 기쁨입니다. 그 실현을 위해 먼저 마음
의 근육을 키워야 합니다. 육체의 근육이 탄탄해야 건강하게
살아갈 수 있듯, 마음의 근육이 탄탄해야 필연적으로 닥칠 시

련과 역경을 능히 헤쳐갈 수 있습니다.

마음의 근육을 기르기 위해서는 사색하고, 묵상하고, 독서를 통해 좋은 문장을 마음에 담아 되새기며 성찰하는 시간을 가져야 합니다. 좋은 문장은 마음이 연약해질 때마다 마음을 단단하게 해주는 '마음의 비타민'입니다. 건강을 위해 비타민을 먹듯 좋은 문장을 읽어야 합니다.

좋은 문장은 인생을 바꿀 만큼 힘이 셉니다. 동서고금을 막론하고 사람들에게 롤모델로 회자되는 인물 대부분은 시련과 역경에 빠질 때마다 좋은 문장에서 힘을 얻어 자기 인생을 성공으로 이끌었습니다. 예컨대 '음악의 어머니'라고 불리는 게오르크 프리드리히 헨델Georg Friedrich Handel이 불후의 명곡 〈메시아〉를 작곡하게 된 데는 다음과 같은 사연이 있습니다.

독일 태생의 헨델은 이탈리아에서 음악 활동을 펼치면서 명성을 얻었습니다. 이후 그는 유럽 대륙을 떠나 도해한 뒤 영국을 주무대로 삼았습니다. 그가 영국에 발을 붙인 이유는 오페라 〈리날도〉가 런던에서 큰 호응을 얻었기 때문입니다. 그는 〈앤 여왕의 생일을 위한 송가〉를 작곡하여 앤 여왕의 총애를 한 몸에 받았습니다. 영국의 귀족들은 물론 지식인들에게도 진정한 음악가로 존경받았습니다. 그는 1726년 영국 국민이 되었습니다. 그는 왕실 예배당의 작곡가가 되었고, 왕립 음악원의 음악 감독으로서 상연되는 오페라를 대부분 작곡했습니다. 그는 음악가가 누릴 명성을 다 누리며 부유하게 살았는데, 실로 음악사에서 가장 축복받은 음악가였습니다. 그런 그에게도 불행은 찾아왔습니다. 그는 1737년 뇌일혈로 발작을 일으키며 쓰러졌습니다. 여기에 엎친 데 덮쳐 오페라 쇠퇴로 그가 운영하던 극장이 파산했고 결국 그는 빈털터리가 되었습니다.

56세 되던 어느 겨울날, 그는 어깨를 잔뜩 움츠린 채 런던 거리를 걷고 있었습니다. 화려한 시절은 바람과 함께 사라지고 남은 것은 초췌한 몰골뿐이었습니다. 거리를 떠돌다 집으로 돌아온 헨델은 책상 위에 놓인 낯선 봉투를 발견했습니다. 봉

투에는 '신에게 바치는 오라토리오'라고 적혀 있었습니다. 찰스 제네스Charles jenns라는 시인이 보낸 서신이었습니다. 시인은 오라토리오 작업을 즉시 할 수 있는지를 묻고 있었습니다. 대충 훑어보고 서신을 내려놓으려는 순간, 한 대목이 그의 눈길을 확 사로잡았습니다.

'그는 사람들에게 거절당했으며 또한 비난까지 당했다. 그는 자신에게 용기를 줄 누군가를 찾고 있었다. 그러나 그 어디에도 없었다. 그 누구도 그를 편하게 대해주지 않았다. 그는 하나님을 믿기로 했다. 하나님은 그의 영혼을 지옥에서 건져주었다. 하나님은 당신에게 안식을 줄 것이다.'

헨델은 이 글을 읽고 나서 가슴이 뭉클해졌습니다. 마치 어려움에 처해 있는 자신을 향한 말처럼 느껴졌습니다. 그 순간 왈칵 눈물이 터졌고 불덩이가 이글거리는 듯 가슴이 뜨거워졌습니다. 그의 입에서는 탄성이 나왔고 머릿속에서는 환상의 멜로디가 마구 솟구쳤습니다. 그는 즉시 펜을 들고 악보를 그려 나아갔습니다. 그는 식사도 거른 채 작곡에만 열중했습니다. 작곡을 시작한 지 23일, 마침내 곡을 완성한 헨델의 얼굴에는 기쁨이 가득했습니다.

그렇게 〈메시아〉는 많은 사람의 기대 속에서 상연되었습니다. 상연 후 극장에 있던 사람들은 감동에 젖은 얼굴로 들떠 있었습니다. 당시, 국왕 조지 2세는 〈메시아〉를 듣고 크게 감동한 나머지 자리에서 벌떡 일어났다고 합니다.

헨델의 일화에서 보듯, 거듭 말하지만 좋은 문장에는 인생을 바꿀 강력한 힘이 있습니다. 독서를 통해 좋은 문장을 많이 담아두면 힘들고 어려울 때, 지혜가 필요할 때 큰 도움을 받을 수 있습니다. 생이 풍요로워집니다.

"독서가 정신에 미치는 효과는 운동이 신체에 미치는 효과와 같다."

이는 영국의 언론인이자 정치가인 리처드 스틸Richard Steele이 한 말로, 독서가 정신에 미치는 영향을 잘 드러냅니다. 정신이 건강하다는 것은 곧 마음이 건강하다는 뜻입니다.

이 책은 마음의 근육을 기르는 데 도움 되는 365가지 글로 구성되었습니다. 나는 마음을 가다듬고 기도하는 가운데 이 글들을 썼습니다. 하루에 한 꼭지씩 1년 동안 읽을 수 있도록 말입니다.

매일 이 책을 읽을 때마다 마음이 뿌듯해질 것입니다. 살아가는 데 힘을 얻을 것입니다. 인생길을 살펴보고 생의 희망을 품을 것입니다. 길이 열릴 것입니다.

이 책을 읽는 모든 이에게 365일 행복이 가득하길 기원합니다.

김옥림

Jan.
빛나는 인생으로 거듭나는 법
023

Feb.

아름다운 것을 보는 만큼 행복해진다

Mar.

생각 플러그를 'Yes' 코드에 꽂아라

Apr.
인생에 정년은 없다

May.
자신을 가치 있게 하는 법
149

사람답게 살아가기 | 상대와 좋은 관계를 맺고 싶다면 | 지혜와 어리석음 | 나만의 꽃을 피워라 | 좋은 친구, 나쁜 친구 | 탐욕이라는 요물 | 나무처럼 살 수 있다면 | 아름답게 살아야 하는 이유 | 내어놓을 줄 아는 자만의 기쁨 | 충만한 삶 | 생산적이고 창의적인 시간 갖기 | 인연을 소중히 하라 | 진정한 자유 | 정도에서 벗어나지 않기 | 최고의 대화법, 경청 | 라이프 골드타임 | 마음의 여유 | 덕을 베푼다는 것은 | 건강한 정신 | 새로운 인생을 살고 싶다면 | 무엇이 된다는 것은 | 행복의 지수와 행복 | 자신을 가치 있게 하는 법 | 더 큰 행복을 느끼는 비결 | 고문진보 | 삶의 정의 | 담담함을 지녀야 하는 이유 | 품격 높은 아름다움 | 기분 좋게 아침 맞이하기 | 참 값진 인생 | 품성을 잘 갖추기

Jun.
자기 행복을 디자인하라
___
181

Jul.

마음의 무게를 가볍게 하라

213

Aug.

자신을 믿고 자신에게 의지하라

Sept.

본질을 지키는 삶을 살라

Oct.

스스로 잘되게 하는 비결

309

살피는 지혜 | 자신만의 꽃을 피우는 법 | 종교의 모순 | 여유 있는 사람의 자세 | 희망이 좋아하는 사람 | 창의력을 지닌 존재 | 지금의 오늘 | 자연이 아름다운 까닭은 | 이성과 감성 | 무리한 인위를 가하지 말라 | 지나친 자기 신뢰를 경계하라 | 완전한 인간보다 진실한 인간이 되라 | 꼭 필요한 사람 | 만남을 소중히 하기 | 바라봐도 좋을 것만 바라보라 | 진정한 길 | 신의 가르침에 따르라 | 꿈을 주는 '꿈의 사람' 되기 | 밝음을 좇는 사람, 어둠을 좇는 사람 | 정신적 부산물인 집착 버리기 | 참자유를 얻는 최선의 비법 | 모든 영광 뒤엔 고통이 따른다 | 자기 인생의 주인공 | 빛과 소금 같은 사람 | 스스로 행복을 만들라 | 즐겁게 인생 살기 | 인생의 승리자 | 무엇을 해도 잘되는 사람 | 마음의 수양 쌓기 | 진실을 이길 비법은 없다 | 스스로 잘되게 하는 비결

Nov.

잘 거두고 싶다면 잘 심으라

Dec.

생이 깊어질수록 해야 할 것들

Jan.

빛나는 인생으로
거듭나는 법

당신의 인생은 오직 당신 것이다

인간은 유한한 존재지만 노력 여하에 따라 무한한 잠
재력을 터트릴 수 있는 창의적인 존재이다. 당신이 진
정으로 자신을 사랑한다면 어떤 문제 앞에 놓이게 될
지라도 절대로 실망하거나 좌절해서는 안 된다.

인생을 살아가다 보면 생각한 대로 되는 일보다 안되
는 일이 더 많다. 하지만 그렇다고 해서 손 놓고 넋 나
간 것처럼 있을 수 없는 게 인생이다.

당신에게 주어진 인생은 오직 당신 것이다. 하나뿐인
소중한 당신을 위해 문제를 해결하고 반드시 승리자
가 되라.

 인생의 주인은 자신이다. 따라서 자신에게 주어진 일은 자신이 책임져
야 한다. 그것은 자신의 인생에 대한 의무이기 때문이다.

지혜로운 자와 어리석은 자

지혜로운 자는
책에서 위로받고
지혜를 구하려 한다.

하지만 어리석은 자는
술에 위로받으려 한다.

물론 술도 하나의 방도일 수 있지만
어디까지나 일순간에 불과하다.

책에서 지혜를 구하는 자가
진정으로 현명한 사람이다.

 지혜로운 사람은 무슨 일이든 합리적으로 생각하고 지혜롭게 행동한
다. 하지만 어리석은 사람은 되는대로 생각한다. 이것이 어리석은 사
람의 가장 큰 맹점이다.

힘들어도 내 인생, 슬퍼도 내 인생이다

힘들어도 내 인생, 슬퍼도 내 인생이다. 누가 대신 내 인생을 살아주지 않는다. 힘들어도 가야 하는 게 인생이다. 그렇다면 눈물을 두려워하지 말라. 눈물을 흘리면서 끝까지 버티고 나가야 한다. 그러는 가운데 물질이 주지 못하는 인생의 가치를 선물받게 되고, 때에 따라서는 물질도 따라온다.

눈물로 더욱 단단하게 단련해야 한다. 그것이 눈물을 이기는 최선의 방법이며 자신의 인생을 가치 있게 만드는 최상의 지혜인 것이다.

 힘들어도 끝까지 해내야 한다. 그렇지 않으면 원하는 인생을 살 수 없다. 모든 아름다운 삶은 힘듦을 이겨낸 결과물이다. 힘들어도 내 인생임을 잊지 말라.

원하는 것을 쉽게 쥐려 하지 말라

이 세상에
그 어떤 것도 쉬운 일은 없다.

그런데 쉽게
자신이 원하는 것을 손에 쥐려고 한다.

그러다 보니
조금만 힘들어도 포기를 하고 만다.

모든 일엔 다 때가 있는 법이다.

그때를 위해 끝까지 포기하지 않는다면
반드시 좋은 결과를 얻게 될 것이다.

 쉽게 얻는 것은 쉽게 잃는다. 땀방울이 배어 있지 않기 때문이다. 공들인 건축물이 오래가듯, 노력을 들이고 공을 쌓고 얻어야 오래가는 법이다.

인생을 체인지업change up하라

기회를 얻기 위해서는 때를 놓치면 안 된다. 그러면 어떻게 해야 때를 잡을 수 있을까. 그 방법에 대해 윌리엄 셰익스피어William Shakespeare는 이렇게 말했다.

"기회가 없다고 하는 것은 의지가 약한 사람의 구실에 불과하다."

그렇다. 기회가 없다고 하는 것은 삶에 대한 모독이다. 기회는 언제나 자신 곁에 있다. 다만 그것을 잡지 못하는 것은 자신이 부족하기 때문이다. 좋은 기회는 셰익스피어 말처럼 의지를 갖고 열심히 하는 가운데 오는 것이다.

 기회는 누구에게나 온다. 단, 기회는 준비된 자에게 온다. 기회를 잡고 싶다면, 늘 기회를 맞이할 준비를 하라.

나무에게 배우기

나무는 자신을 돋보이게 하려고 꽃을 피우지 않는다.
사람들이 꽃을 보고 즐거워하고 행복해하는 것은 꽃
자체가 너무 아름답기 때문이다.
나무처럼 자신이 좋아하는 일을 하면서 남에게 의미
가 되어주는 인생이 된다면, 그보다 더 행복하고 보람
있는 일도 없을 것이다.

 나무는 자신의 모든 것을 다 내어준다. 나무처럼 살 수 있다면 그것이
야말로 최선의 행복한 삶이다. 나무에게 배우고 나무처럼 살라.

자기 능력에 솔직하기

남에게 자기 능력 이상을 보여주려고 굳이 애쓸 필요
는 없다. 그것은 자신의 약점이 될 수도 있는 일이다.
자신의 능력이 못 미치는 일에 대해서는 솔직하게 말
하는 것이 좋다. 이는 사람들에게 좋은 인상을 줄 기회
가 될 것이다.

솔직하다는 것은 누구에게나 믿음을 주는 가장 바람
직한 자세이다.

 자신의 능력에 맞게 하라. 능력 이상의 것을 하려다 보면, 부담감에 처
할 수 있다. 일하는 기쁨을 느끼고 싶다면 자신의 능력에 맞게 즐겁게
하라.

삶은 그 자체가 깨달음이다

깨달음은 순간순간 오기도 하고,

잘 숙성된 김치처럼
오래 생각한 끝에 오기도 한다.

삶은 그 자체가 깨달음이며
그래서 깨달음은 언제나 시작이다.

그 깨달음을 통해
삶은 아름답고 행복하게 전개되는 것이다.

 깨달음이 없는 삶은 무의미한 죽은 삶이다. 삶은 깨달음 통해 그 가치
를 드높이게 된다. 깨달음을 통해 삶의 눈을 밝게 하라.

인생의 길

인생의 길은 여러 가지다. 이 길이 아니면 다른 길로 방향을 틀면 된다.

그런데 그 길도 아니면 또 방향을 틀면 된다. 그렇게 하다 보면 자신에게 잘 맞는 길이 분명 열릴 것이다.

그 길이 열리면 그때 죽을 듯이 매진하라. 반드시 원하는 걸 얻게 될 것이다.

 원주에서 서울로 가려면 승용차로 갈 수 있고, 기차와 고속버스, 시외버스와 택시로도 갈 수 있다. 인생 또한 마찬가지다. 자신에게 잘 맞는 방법으로 가면 된다. 그래야 자신이 바라는 인생의 목적지에 잘 도착할 수 있다.

날씨와 인생

맑고 쾌청한 날이 있으면 흐린 날도 있고, 비가 오는 날
도 있고, 태풍이 휘몰아치는 날도 있다. 이처럼 반복되
는 게 날씨의 변화이다. 그래서 그때그때 날씨에 대비
하여 우산을 준비하고, 양산을 준비하고, 두꺼운 옷을
덧입기도 한다.

인생도 날씨와 같다. 인생의 맑은 날이 있으면 흐린 날
도 있다. 비 오는 날도, 눈 오는 날도, 바람 부는 날도
있다. 그런 까닭에 상황에 맞게 대처하는 지혜와 능력
을 길러야 한다.

 변화무쌍한 날씨처럼 인생 또한 그러하다. 비가 오면 우산을 쓰듯, 자
신의 상황에 맞게 잘 대처하는 능력을 기른다면 그 어떤 상황에서도
능히 헤쳐 나갈 수 있다.

절벽 앞에서

살다 보면
수천 길 까마득한 절벽 앞에
서 있는 듯한
막연함을 마주할 때가 있다.

가고 싶어도 더는 갈 수 없는
캄캄한 절망의 낭떠러지!

그러나 갈 수 없을 것 같은
절망의 절벽을 넘는 길은 있다.

그것은 절대 뒤돌아서지 않고
끝까지 맞서는 것이다.

 살다 보면 뜻하지 않게 세상 끝에 다다른 듯 절망에 사로잡힐 때가 있다. 그럴 때 그 순간을 벗어나는 방법은 물러서지 않고 맞서는 것이다. 맞서다 보면 까마득한 절벽을 건너가는 다리가 놓이게 된다.

지성을 갖추기

지성의 유무에 따라 삶을 대처하는 방법에 큰 차이가 난다. 지성인은 같은 일을 겪어도 슬기롭게 판단하고 대비한다. 배움을 통해 나름대로 해결 방안을 터득했기 때문이다. 하지만 지성을 갖추지 못한 사람은 우왕좌왕하며 갈피를 잡지 못한다. 일을 해결하는 능력이 부족한 까닭이다.

"젊을 때 쌓은 지성은 노년기의 악을 미리 예방하는 것과 같다."

르네상스 시대의 화가이자 과학자인 레오나르도 다빈치Leonardo da Vinci가 이와 같은 말을 남길 수 있었던 것은 그가 당대 최고의 지성을 갖추었기 때문이다.

배우고 익히는 일에 열중하여 지성을 갖춰라. 지성은 자신을 돋보이게 하는 인생의 보석이다.

 지성을 갖추기 위해서는 다양한 책을 읽고 스스로 느끼고 깨닫고 배워야 한다. 배움에는 시기가 없다. 늘 배우고 익혀 지식으로 막힘이 없게 하라.

인간이 신과 다른 것

인간이 신과 다른 것은 불완전한 존재라는 사실이다. 그래서 인간은 늘 불안해하고 초조해한다. 불완전한 것을 완전한 것으로 만들기 위해서는 사랑이 필요하다. 인간들이 사랑하는 까닭은 불완전 자신이 사랑을 통해 완전해지고 싶기 때문이다.

사랑은 불완전한 인간을 완전한 인간으로 연결해주는 행복의 고리다. 인생을 좀 더 즐겁고 행복하게 살아가고 싶다면 사랑하고 또 사랑하라.

 인간은 미완성작이다. 그런 까닭에 내일의 삶을 두려워하고 불안해한다. 이럴 때 사랑의 힘은 절대적이다. 사랑은 무한한 능력을 지녔다. 서로 사랑하고, 서로 격려하라.

인간의 오만

인간의 오만은 자신들을 이 세상 전부라고 생각하는 데 있다. 세상이란 서로 다른 것들이 모여 함께 만들어 가는 세계이다. 세상을 이루는 구성 요소는 인간과 한 포기 풀, 한 그루 나무, 한 마리 새를 비롯해 수많은 것으로 이루어져 있다. 지극히 작은 것 하나라도 필요치 않은 건 없다.

그런데 인간이라는 이유로 인간 아닌 그 어떤 것을 함부로 한다면 그것은 결국 자기 자신에게 돌을 던지는 것과 같다. 인간은 티끌 같은 지극히 작고 낮은 존재일 뿐이다.

 인간은 창조주께서 창조한 만물 중 으뜸이다. 다만, 이는 창조주의 뜻에 따라 살 때 그러하다. 창조주의 뜻을 망각하였기에 인간은 그리도 오만한 것이다. 그 오만의 틀에서 벗어나야 비로소 참인간이 된다.

오래가는 행복

진정으로 행복한 사람은
돈에 만족하는 사람이 아니라
자신이 하는 일에 만족하는 사람이다.

돈에서 행복을 찾지 말라.

돈이 사라지는 순간
허망함의 우물에 빠져 헤어나지 못할 것이다.

자신이 하는 일에서 행복을 찾아야 한다.

그래야 오래가는 행복을 누릴 수 있다.

 자신이 좋아서 하는 일은 그 자체가 곧 행복이며 삶의 가치이다. 행복
해지고 싶다면 돈만 보지 말고 자신이 좋아서 하는 일을 하라.

친절한 사람에겐 적이 없다

친절한 사람에겐 적이 없다. 그래서 친절한 사람은 어디를 가든 환영을 받는다. 친절한 사람은 누구에게든지 기쁨을 주고, 평안함을 주기 때문이다.

친절한 말 한마디, 친절한 행동 하나가 사람들의 마음을 움직이고 감동을 준다. 친절하게 하는 데는 돈이 들지 않는다. 단지 조금만 더 배려하고, 사랑하는 마음으로 사람을 대하면 된다. 물론 쉽지만은 않다.

그러나 그럼에도 친절하게 말하고 행동해야 한다. 그것은 곧 자신을 위하는 일이며, 자신의 가치를 높이는 일이기 때문이다.

039

 친절한 사람에게는 삶의 향기가 난다. 마치 꽃향내처럼 말이다. 그래서 친절한 사람은 누구나 다 좋아한다. 친절한 사람은 향기 그윽한 사람꽃이다.

빛나는 인생으로 거듭나는 법

탄탄히 준비한 연극 무대는 관객들에게 충만한 감동을 준다. 반대로, 준비가 제대로 안 된 연극 무대는 관객들에게 실망을 주고 결국 외면받는다.

인생도 마찬가지다. 품은 뜻을 성공적으로 펼치려면 그 준비에 소홀함이 없어야 한다. 그렇게 해야 빛나는 인생으로 거듭날 수 있다.

삶은 미래를 준비하는 자에게 기쁨을 선물한다는 사실을 잊지 말라.

 철저하게 준비하라. 그래야 뜻을 이루고 빛나는 인생을 만들 수 있다.
빛나는 삶은 준비한 자를 위한 인생의 성찬이다.

자신을 믿고 시도하라

어떤 일을 시작할 때 세 가지 현상이 나타남을 볼 수 있다.

첫째, 이 일은 내가 충분히 해낼 수 있다고 믿고 시도하는 경우와 둘째, 능력이 되지 않는데도 무리수를 두면서까지 시도하는 경우와 셋째, 아예 할 수 없다고 판단하고 시도조차 하지 않는 경우이다.

이 세 가지 경우에서 가장 바람직한 것은 내가 할 수 있다고 믿고 시도하는 것이다. 가장 나쁜 경우는 시도는커녕 아예 해볼 생각조차 하지 않는 것이다.

자신을 믿고 시도하는 것, 이것이야말로 성공하는 인생의 지름길이다.

 자신을 믿는다는 것은 그만큼 자신이 있다는 뜻이다. 자신을 믿지 못한다면 그것처럼 불행한 일도 없다. 무슨 일이든 자신을 믿고 할 수 있도록 능력을 길러라.

자신에게 떳떳하기

내 마음이 나를 허망하게 할 때, 욕심이 깊어져 나의 판단력을 흔들리게 할 때, 남을 탓하고 미워하는 마음이 내 맑은 영혼을 주름지게 할 때, 그럴 땐 나를 내 마음의 유배지에 가둔다.

내 마음의 유배지에 갇히는 날이 없을 땐 그렇게 홀가분할 수가 없다. 잘한 일을 스스로에게 보상받은 것 같은 생각에서다. 그러나 내 마음의 유배지에 갇히는 날은 쓸쓸해지곤 한다. '나는 왜 이 정도밖에 안 되는 걸까?' 하는 생각에서다.

누구나 원하지 않는 일로 마음 아파할 때가 있다. 자신이 죽도록 미워진다. 이럴 때 반성하며 스스로 위안 삼는 노력이 필요하다.

내 마음의 유배지에 갇히는 날이 없도록 해야 한다. 그러기 위해서는 자신에게 부끄럽지 않고 떳떳해야 하겠다.

 자신에게 떳떳한 사람이 참사람이다. 자신이 떳떳하지 못하다는 생각이 들 땐 마음을 맑게 하라. 마음에 티가 없어야 스스로 떳떳할 수 있는 까닭이다.

책과 인생

책은 얼마든지 반복해서 읽을 수 있다. 그러나 인생은 반복해서 살 수 없다. 이것이 책과 인생의 차이점이다. 그런데 어떤 사람들은 인생을 다시 살 것처럼 생각하고 삶을 함부로 여긴다. 그것이 돌이킬 수 없는 참혹한 일이라는 걸 알지 못하기 때문이다.

그러나 슬기로운 사람은 인생이 단 한 번뿐이라는 걸 잘 안다. 그래서 최선의 인생이 되고자 자신에게 공을 들인다. 그리고 그 결과는 대개 만족스럽다.

 책은 몇 번이고 반복해서 읽을 수 있지만, 인생은 단 한 번밖에 살 수 없다. 그런 까닭에 후회 없는 인생을 살도록 노력해야 한다. 인생은 공을 들인 만큼 결과를 얻을 수 있기 때문이다.

걱정에 매이지 않기

인간은 언제나 문제를 안고 살아가는 존재이다. 가족 문제, 건강 문제, 돈 문제, 직장 문제, 연애 문제, 친구 문제 등 온갖 문제와 부딪히며 살아가고 있다. 늘 문제를 곁에 두고 사는 존재가 바로 우리 인간이다.

그런데 이런 문제들을 해결하지 못하면 걱정의 늪에 빠져 하나뿐인 인생을 허비하며 살아가게 된다.

행복의 방해꾼인 걱정을 지배하며 사는 인생이 되느냐, 걱정의 노예로 사는 인생이 되느냐는 오직 자신에게 달려 있다. 인생을 좀 더 즐겁고 의미 있게 살고 싶다면 행복을 방해하고 성공을 가로막는 걱정을 몰아내야 한다.

인간이 걱정하는 이유는 삶이 두렵기 때문이다. 걱정에서 벗어날 수 있는 길은 걱정에 매이지 않는 것이다. 인생을 방해하는 걱정, 그 걱정에 매이지 않게 하라.

행복한 인생을 사는 지혜

인생에서 어려운 일을 만나게 될 때 사람들은 크게 두
가지 반응을 보인다.

"대체 왜 나한테 이런 일이 생긴 거야. 내가 뭘 잘못했
다고."

"그래, 어차피 겪어야 할 일이라면 받아들여야지."

사람들은 대개 첫 번째 반응을 보인다. 자신에게 닥친
어려움이 억울하다는 것이다. 하지만 분명한 것은 어
려움이 밀려와 힘들어도 절대 좌절해서는 안 된다. 어
려움을 이겨낸 사람이 유능할 수 있는 건 그 방법을 터
득했기 때문이다. 이런 소중한 경험은 그 어떤 시련에
도 굴하지 않고 뚫고 나가는 힘이 된다. 그 어떤 어려
움도 두려워하지 말고 맞서 나가라. 그것이 행복한 인
생을 사는 지혜이다.

 아무리 고통스러워도 시련과 역경에 굴하지 말라. 시련과 역경은 강
하게 맞서는 자에게 꼬리를 내리는 법이다.

마인드 모르핀, 감정

대개 감정적으로 생각하고 행동하는 것은 자칫 우를
범할 수 있다. 특히, 좋지 않은 일에서는 더더욱 그러
하다.
감정이 앞서다 보면 사리 분별력을 잃게 되고, 감정의
노예가 되어 문제 앞에서 더 큰 문제를 야기하기 십상
이다.
감정대로 해서 잘되는 일이란 거의 없다. 감정은 판단
력을 흐르게 하는 모르핀과 같기 때문이다.

 감정은 빈번히 곤란을 야기한다. 감정에 치우치다 보면 이성을 잃게
되는 까닭이다. 감정에 매이지 않게 하라. 감정은 판단력을 마비시키
는 모르핀이다.

마인드 컨트롤 마우스, 이성

이성은 지나친 감정까지도 순화시키는 '마인드 컨트롤 마우스'이다. 즉, 마음에서 일어나는 모든 감정을 억제하며 조절하는 마우스란 말이다. 이런 이유로 이성적인 사람이 감정적인 사람보다 실수가 적은 법이다. 그래서 이성적인 사람이 감정적인 사람보다 인생을 보다 가치 있게 살아간다.

인생의 실수를 줄이고 의미 있게 살고 싶다면 이성적으로 생각하고 행동하는 자세를 갖춰라. 이성은 몸과 마음을 바르게 잡아주는 삶의 방향키이다.

 이성은 감정을 물리치게 하는 마인드 컨트롤 마우스이다. 이성으로 자신을 무장하라.

단 한 번뿐인 라이프 다이어리

가치 있는 인생은 가치 있는 노력에서 오는 것이다. 동서고금의 위인들이 사람들에게 감동을 주고 존경을 받을 수 있는 것은 가치 있는 삶을 위해 살았기 때문이다. 그렇다고 해서 누구나 위인들과 똑같은 인생을 살아야 한다는 것은 아니다. 적어도 자신에게 부끄럽지 않은 인생을 살라는 말이다.

인생은 누구에게나 단 한 번만 쓸 수 있는 '라이프 다이어리'이기 때문이다.

 인생은 단 한 번만 쓸 수 있는 라이프 다이어리이다. 최선으로 인생을 살아야 한다. 그것이 최고의 삶이자 행복이기 때문이다.

원칙이 있는 삶

내가 아무리 애쓰고 노력해도 안되는 일이 있고, 뜻밖의 환희가 기쁨을 몰고 오기도 한다. 하지만 분명한 것은 여기엔 '삶의 원칙'이 있다는 사실이다.

아무렇게나 사는 사람들에게는 아무렇게나 사는 인생으로 끝나게 놔둔다. 하지만 가치 있는 삶을 살려고 하는 사람들에게는 반드시 그들이 원하는 길을 가게 한다.

이 사실을 절대로 망각하지 말라. 망각하고 제 멋대로 하는 순간 자신의 모든 삶은 물거품이 되고 말 것이다.

원칙대로 살면 잘못될 일이 없다. 원칙은 삶을 바르게 인도하는 길잡이와 같기 때문이다. 잘되고 싶다면 원칙이 있는 삶을 따르도록 하라.

성인과 범인

자신의 욕망, 바람에서 벗어나면 넉넉한 마음으로 살아가게 된다. 그러나 욕망과 바람에 매이게 되면 졸렬하고 편협한 마음으로 살아가게 된다.

성인聖人으로 불리는 이들은 자신의 욕망에서 벗어남으로써, 그 어느 것에도 구속되지 않고 충만한 삶을 살 수 있었다.

그러나 범인凡人들은 그렇지 못하다. 작은 것에 연연해하고 미련을 버리지 못한다. 또한 무엇이든 손에 쥐려고만 한다. 그래서 늘 자신을 불행하다고 여기는 것이다.

 성인은 욕망을 지배하지만, 범인은 욕망에 지배당한다. 욕망에서 벗어나 행복하길 바란다면, 성인의 삶을 따르도록 노력하라.

파멸을 부르는 사악한 마음

사악한 마음은 타인에게 상처를 준다. 그뿐만 아니라 자신 역시 상처를 입게 된다. 사악한 마음은 파멸을 불러온다.

사악한 마음은 인간의 마음이 아니다. 그것은 인간의 마음으로 변신한 마귀의 마음이다. 마귀의 마음이 여기저기서 파행을 일삼는다. 우리는 사악한 이들의 추악한 놀이에서 벗어나야 한다. 그렇지 않으면 자신 또한 사악한 자의 추종자가 되어 사악한 길을 가게 된다. 진실한 내가 되기 위해서는 사악한 마음을 버리고, 사랑의 마음을 품어라. 사랑의 마음은 모든 불평등과 불만을 기쁨의 꽃밭으로 만든다.

 사악한 마음은 타인에게 상처를 주고 자신을 스스로 파멸시킨다. 사악한 마음은 모든 불행의 화근이다. 추악한 마음에 빠지지 않도록, 늘 자신을 돌아보고 몸과 마음을 단정히 하라.

선행은 선행을 부르고, 악행은 악행을 부른다

'범사에 헤아려 좋은 것을 취하고 악은 어떤 모양이라
도 버려라.'

이는 신약성경 데살로니가 전서5장 21~22절 말씀이다.
이 말씀을 보면 매사에 좋은 것은 취하고, 악은 그 어
떠한 것일지라도 행하지 말라고 강조한다.

그렇다. 선행은 많이 행할수록 좋다. 선행은 아름다움
이며 덕이다. 하지만 악은 행할수록 죄의 무게만 늘어
간다. 악행은 추악한 죄다.

선행은 선행을 부르고 악행은 악행을 부른다. 선행은
참이요 악행은 거짓이다. 그러니 언제나 참인 선을 행
하도록 힘써야 한다.

 선행은 선을 쌓게 하고 악행은 악을 쌓게 한다. 그런 까닭에 선하게
살고 싶다면 선행을 베풀도록 힘써라. 선행은 자신을 복되게 하는 축
복의 근원이다.

좋은 시간과 나쁜 시간

인생에서 좋은 시간은 금과 같고, 나쁜 시간은 녹슨 칼과 같다. 금은 누구나 원하는 것이며, 삶을 풍요롭게 한다. 금은 많으면 많을수록 좋다. 하지만 녹슨 칼은 무뎌 나무를 자를 수도 없으니, 그저 무용지물일 뿐이다.

독서하고, 자아를 계발하고, 새로운 경험을 쌓는 등의 좋은 시간은 인생을 풍요롭게 하는 귀한 보석과 같다. 하지만 시간을 낭비하고, 쓸데없는 것에 빠져 시간을 보내는 등의 나쁜 시간은 인생을 퇴락시킨다. 같은 시간도 잘 쓰면 좋은 시간이 되지만, 잘못 쓰면 나쁜 시간이 된다.

 좋은 시간은 인생을 즐겁고 풍요롭게 하지만, 나쁜 시간은 인생을 우울하고 메마르게 한다. 좋은 시간을 갖도록 늘 긍정적으로, 발전적으로 생활하라.

정신적인 탐구의 필요성

"자율적인 정신적 탐구욕보다 존엄하고 생산적인 것은 없다."

이는 사상가이자 시인인 랄프 왈도 에머슨Ralph Waldo Emerson이 한 말로, 그의 인생관이 잘 나타나 있다. 사상가답게 그는 정신적인 탐구를 하라고 말한다. 정신적인 탐구를 통해 진정한 자아를 발전시키고, 이로써 진정한 인간으로 거듭나라는 것이다.

인생에 대해, 삶에 대해, 사물에 대해, 자연에 대해 생각한다는 것은 자신을 가치 있는 존재로 만드는 경건한 행위이다.

진정한 인간은 정신적 탐구로 통찰하는 자이자, 나아가 선을 행하는 자이자, 진실을 말하는 자이다. 진정한 인간은 늘 한결같고 변함이 없다.

 정신적인 탐구를 통해 자신을 진실하게 만들 수 있다. 잘못된 길로 가는 것을 막고, 올바르게 행하는 것 또한 정신적 탐구를 통해 할 수 있다. 정신적 탐구는 바른 삶으로 이끄는 원동력이다.

Feb.

아름다운 것을
보는 만큼 행복해진다

떳떳한 행복

"남의 불행 위에 자기의 행복을 만들지 말라. 나에게나 남에게나 따스한 온도가 통하는 것이 진실이다. 행복은 진실하기를 요구하며 진실 그 자체는 행복이 아니라도 그 가까운 곳에 있는 것이다."

이는 존 러스킨John Ruskin이 한 말인데, 그는 남을 불행하게 하고 행복을 얻는 일에 대해 경계하라고 주장한다. 그건 남의 행복을 강탈하는 것이다. 그래서 그것은 무가치한 일이며 범죄행위와도 같다.

떳떳한 행복은 자신에게 만족을 주되, 부끄러움이 없어야 한다. 떳떳한 행복을 누려라. 그런 사람이야말로 행복을 아는 자이다.

 진정으로 행복해지고자 한다면 스스로 노력하여 행복을 구하라. 남에게 상처를 주고 얻는 그 어떤 이익도 행복이 될 수 없다. 행복은 자신에게나 타인에게나 긍정적으로 작용할 때 진정, 행복으로서 가치를 지니는 것이다.

인간으로서 해야 할 삶의 자세

최선의 행동을 한다는 것은 쉽지 않다. 그렇게 하기 위해서는 절제할 수 있어야 하고, 양보할 수 있어야 하고, 배려할 수 있어야 한다. 사실 이렇게 생각하고 행동한다는 것은 마음의 수련이 필요하다. 어느 정도의 인격자가 아니면 하기 힘들다.

그러나 그럼에도 그렇게 해야 한다. 그것이 인간으로서 해야 할 삶의 자세이기 때문이다.

 무엇을 하고자 할 때는 그것이 남에게 어떤 영향을 줄지에 대해 생각해보고 하는 것이 좋다. 때론 절제도 필요하고, 양보도 할 수 있어야 한다. 그래야 자신이 하는 일을 더욱 이롭게 만들 수 있다.

자신의 결점을 깨닫는다는 것은

자신의 결점을 깨닫는다는 것은 자신이 좀 더 가치 있는 인생으로 살아갈 수 있다는 것을 의미한다. 생각해 보라, 결점 없이 사는 것과 결점에 갇혀 사는 것 중 어떤 것이 더 인간다운 삶인지를. 당연히 결점 없이 사는 것이라고 할 것이다.

사람들에게 썩 괜찮은 사람이라고 인정받는다는 것, 그것은 자신이 인생을 잘 지내고 있다는 증거임을 기억하라.

누구에게나 결점이 있다. 그런데 어떤 이는 결점을 고침으로써 좀 더 괜찮은 사람으로 산다. 반면, 어떤 이는 알아도 고치지 않는다. 그런 까닭에 자신에게도 타인에게도 부정적인 영향을 끼치게 된다. 그것은 자기 인생을 스스로 마이너스 인생으로 만들 뿐이다.

아름다운 것을 보는 만큼 행복해진다

항상

아름다운 것을 바라보라.

아름다운 것을 바라보는 만큼

인생은

더 행복해질 것이다.

 사람은 보는 것에 큰 영향을 받는다. 행복한 인생을 살고 싶다면 아름다운 것을 많이 보라. 그러면 아름다운 생각으로 가득 찰 것이고, 그만큼 더 행복감을 느낄 것이다.

겉을 보지 말고 깊이 보라

'항아리를 보지 말고, 속에 들어 있는 것을 보라.'

이는 《탈무드》에 나오는 말로, 사물을 깊이 보라는 얘기다. 매사를 깊이 보면 좀 더 여유로운 인생, 좀 더 나은 인생살이가 가능해진다.

왜 그럴까. 성찰에서 오는 삶의 깊이를 체득함으로써 자신의 인생을 가치 있게 살고자 하기 때문이다. 하지만 매사를 건성건성 살면 남에게 늘 뒤처질뿐더러 부정적인 삶을 살게 된다.

깊이 보는 자세, 깊이 생각하는 자세는 인생을 확연히 발전시키는 견인차가 되어줄 것이다.

 사물을 볼 땐 깊이 보라. 통찰력은 그렇게 길러진다. 통찰력으로 생각을 깊게 하고 혜안을 키워 좀 더 의미 있는 삶을 살라.

강물 같은 사람

강물은 제 품으로
밤하늘에
빛나는 별들을 받아 빛나게 한다.

또한 구름이 별을 가리면
강물은 그 구름까지도 제 물결에 담아낸다.

강물이 아름다운 것은
모든 것을 품어주기 때문이다.

그 모두를 품어주고 품어가는 강물,
강물 같은 사람이 되라.

 살면서 어려운 사람들을 품어줄 수 있다면, 그래서 그들이 힘을 내
어 살아가게 할 수 있다면 그처럼 최선의 삶은 없을 것이다. 흔들리
는 누군가를 품어주는 도량을 갖추도록 노력하라.

가끔 혼자 떠나기

새로운 일을 구상하거나 지친 몸과 마음을 쉬는 데는
여행처럼 좋은 것은 없다. 홀로 떠나는 여행은 자신을
돌아볼 시간이 될뿐더러 여행지의 새로운 경험으로
견문을 넓히는 좋은 기회가 된다.

삶이 답답하다면, 혜안이 필요하다면, 진정한 자아를
발견하고 싶다면 혼자 떠나라. 떠남은 소멸이 아니라
창의적이고 생산적인 만남이다.

 가끔 혼자 여행하며, 지금의 자신을 돌아보라. 그리고 새로운 곳에서
새로운 생각을 통해 자신을 새롭게 하라. 새로운 경험은 지금의 자신
을 새롭게 하는 데 큰 도움이 되어줄 것이다.

희망이 찾아오도록 준비하라

희망을 버리지 않는 자에게
희망은 언제든지 찾아온다.

다만 희망이 찾아올 수 있도록,
희망을 맞을 수 있도록 준비가 필요하다.

준비하지 않는 자에게
희망은 문을 두드리지 않는다.

자신을 기다리지도 않는 사람을
찾아가지 않는 것처럼 희망 또한 그러하다.

 희망이 찾아오길 앉아서 기다리지 말고, 희망이 찾아오도록 준비하라. 희망도 자신을 맞을 준비를 하는 자를 좋아한다. 희망도 노력에서 온다는 것을 잊지 말라.

즐거움으로써 모든 것을 가능하게 하라

어떤 상황에서도
자신을 스스로 즐겁게 한다면,

즐거움으로써
모든 것을 가능하게 할 수 있다.

 마음이 즐거우면 긍정의 에너지가 뿜어져 나온다. 그래서 즐겁게 사는 사람이 매사를 적극적으로 해낸다. 그런 까닭에 하는 일도 긍정적으로 나타나는 것이다. 자신을 스스로 즐겁게 하라.

바람이 아름다운 날

바람이 아름다운 날은 시가 되기도 하고, 노래가 되기도 하고, 그림이 되기도 하고, 민들레가 되기도 하고, 무지개가 되기도 하고, 뻐꾸기 울음소리가 되기도 하고, 갈대가 되기도 하고, 오색구름이 되기도 하고, 하얀 목련나무가 되기도 하고, 노을이 되기도 하고, 풍경소리가 되기도 하고, 쇼팽의 피아노 선율이 되기도 하고, 한강의 유람선이 되기도 하고, 덕수궁이 되기도 하고, 남산 한옥마을의 한옥이 되기도 하고, 열두 줄의 가야금이 되기도 하고, 구름 한 점 없는 푸른 하늘의 되기도 한다.

그러니 바람이 아름다운 날은 멋진 사랑을 하라.

 바람이 상쾌한 날은 기분이 좋다. 이런 날은 무엇을 하더라도 다 잘될 것만 같다. 특히 이런 날은 사랑하는 사람과 행복한 시간을 보내기 딱 좋다. 바람이 아름다운 날은 서로서로 더욱 사랑하라.

스스로 복되게 하라

누군가가
고마움을 갖게 한다는 것은
자신을 복되게 하는 일이다.

그런 행동은 몸과 마음이
잘 가꾸어진 사람이나 할 수 있다.

누군가가 고마워할 수 있는
사람이 되도록
몸과 마음을 잘 가꾸어라.

 남을 도와주었을 때 느끼는 행복은 참 크다. 남을 도와준다는 것은 내
사랑을 나누어주는 것이기 때문이다. 이는 자신을 스스로 복되게 하
는 일이다. 자신을 복되게 하는 일을 즐겁게 하라.

같은 관점으로 바라보기

그 어떤 문제도
같은 관점으로 바라본다면
해답은 나오게 되어 있음을
유념해야 한다.

왜냐하면 그것이
나와 너와 우리 모두가
사는 길이기 때문이다.

 어떤 문제에 대해 같은 관점으로 바라볼 때 모두에게 득이 될 수 있
다. 같은 관점을 통해 답을 찾음으로써 서로에게 생산적으로 작용하
기 때문이다.

따뜻한 한마디의 말

살아가기가
그 어느 때보다도 힘든 시대이다.

될 수 있는 한 좋은 말로
용기를 주고 격려해주어라.

따뜻한 한마디의 말은
때론 천금을 주는 것보다도
큰 용기와 희망이 된다.

물론 자신에게도
매우 긍정적으로 작용함으로써
자신을 스스로 돕는 일이 된다.

 따뜻한 한마디의 말은 큰 힘과 용기를 준다. 만나는 사람마다 따뜻한
말로 대하라. 상대방은 그것만으로도 살아갈 길을 다시 한번 바라볼
것이다.

사람다움을 잃는다는 것

사람은 사람답게 살아야 한다. 그렇게 하지 않는다면
그것은 스스로 사람임을 포기하는 것과 같다.
지금 우리 사회 곳곳에서는 사람다움을 포기한 사람들
이 벌이는 몰염치하고 해악한 일로 빈번히 시끄럽다.
아무리 사회가 메마르고 이기적으로 변한다고 해도
사람다움을 잃어서는 안 된다.

사람다움을 잃는다는 것, 그것은 자신에 대한 배반이
자 자신을 스스로 해악하게 하는 죄악이다.

 사람다움을 잃는다는 것은 자신을 불완전한 인간으로 전락시키는 일
이다. 사람다움을 잃지 않게 하는 것은 자신을 스스로 돕는 일이다. 사
람다움을 잃지 말라.

인생의 양지쪽 사람들이 행해야 할 일

살다 보면 인생의 양지에서 음지로, 음지에서 양지로 옮겨가기도 한다. 하지만 지금 우리 사회의 현실은 그렇지 못하다. 인생의 양지쪽 사람들에겐 더 많은 햇살이 들고, 인생의 음지쪽 사람들에겐 더 많은 그늘이 진다.

070

이럴 때일수록 인생의 양지쪽 사람들의 배려와 관심이 필요하다. 가진 사람들이 여유롭지 못한 사람들에게 양보와 더불어 따뜻한 관심을 보여주어야 한다. 그렇게 될 때 햇살이 골고루 잘 드는 화단의 꽃처럼 지금보다 나은 균형 잡힌 사회가 될 것이다.

 살다 보면 인생의 양지와 음지를 왔다 갔다 하게 된다. 인생의 양지에 있을 때 어려움에 빠진 사람들을 도와주라. 그것은 자신의 인생을 빛이 되게 하는 일이다.

누군가를 기쁘게 한다는 것

누군가를 기쁘게 한다는 것은 마음의 여유가 없으면 할 수 없는 일이다. 국민소득은 높아졌다고 하나 삶은 점점 팍팍해지고 있다. 사는 것이 그만큼 고달프기 때문이다.

이럴 때일수록 서로가 서로에게 위안이 되어주어야 한다. 가장 사랑스러운 말로 축복해주고, 가장 멋진 말로 격려해주고, 가장 생기 있는 말로 용기를 주고, 가장 품격 있는 말로 희망을 주고, 가장 아름다운 눈으로 바라보아야 한다.

누군가를 기쁘게 한다는 것은 자신을 축복되게 하는 일이다.

 누군가를 기쁘게 하면 자신은 더 큰 기쁨을 얻게 된다. 같은 말도 더 다정하게 하고, 더 따뜻하게 하고, 더 희망적으로 대하라. 누군가를 기쁘게 함으로써 자신을 축복하라.

인생의 빛과 한 잔의 물

인생의 어두운 골목에서 헤맬 때 스승은 한 줄기 빛이
되어준다. 또한 무더운 날 갈증 날 때 마시는 시원한 한
잔의 물이 되어준다.

인생의 빛이며 한 잔의 물과 같은 스승을 곁에 모셔라.
인생이라는 바다에서 표류할 때, 시련이라는 함정에
빠져 슬피 울 때 스승이 곁에 있다면 너끈히 제 길로
찾아들고 함정에서 빠져나올 수 있다.

스승은 인생의 내비게이션이다.

 좋은 스승을 둔다는 것은 인생의 큰 보람이며, 크나큰 은혜이다. 좋은
스승은 어둠을 비추는 태양과 같다. 좋은 스승을 모시고 싶다면 좋은
제자가 되도록 최선을 다하라.

삶이 우리에게 베푸는 행복

산다는 것은 참 감사한 일이다.

지금 일이 잘 안 풀린다고 너무 속상해하지도, 상처받
지도 말라. 잘될 때도 있고, 잘 안될 때도 있는 게 인생
이다.

그럼에도 포기하지 말라. 반드시 자신이 원하는 일을
하게 될 것이다. 그것이 삶이 우리에게 베푸는 행복이
며 축복이기 때문이다.

 삶이 베푸는 행복에 동참하기 위해서는 매사에 감사하라. 그리고 즐
겁게 살도록 노력하라. 어려운 일에 처해도 포기하지 말고 끝까지 해
내라. 삶은 그런 자에게 행복을 선물해줄 것이다.

인생의 불청객

고민은 인간이기에 어쩔 수 없이 찾아오는 불청객이다. 그래서 인간은 그 누구라도 고민으로부터 피해 갈 수 없다. 혼자 고민을 안고 가지 말고 털어놓고 지혜를 구하라. 여러 사람이 함께하면 뜻밖의 지혜를 얻을 수 있다.

불가피한 고민은 소크라테스Socrates의 말처럼 그냥 받아들여라. 불가피한 고민은 받아들이는 것이 최상의 방책이다. 즉, 고민하지 말고 떨쳐버려라.

고민거리가 있어도 절대 좌절하지 말라. 고민은 누구에게나 찾아오는 불청객이다. 고민을 이기는 방법은 고민거리를 해결하도록 지혜를 구하고 떨쳐버리는 것이다.

어진 사람

어진 사람은 교만을 경계한다. 또한 경거망동하지 않으며 매사에 사려 깊게 행동한다. 그 누구에게도 거부감을 주지 않는다. 그러니 그 누구도 어진 사람을 적으로 삼지 않는 것이다.

그러나 어질지 못한 사람은 누구에게나 함부로 말하고 행동함으로써 눈살을 찌푸리게 하고 거부감을 줌으로써 척지게 한다. 그래서 어질지 못한 사람을 가까이하려고 하지 않는 것이다. 가까이해봐야 좋을 게 없다는 걸 잘 알기 때문이다.

어진 마음을 갖춘다는 것, 그것은 자신을 덕이 되게 하는 일이다.

 어진 사람은 어딜 가든 이웃이 있다. 덕을 갖추었기 때문이다. 어진 마음을 갖도록 마음을 갈고닦아야 한다. 수양한다는 것은 어진 마음을 기르는 최선의 방법이다.

뿌리가 튼튼한 나무

뿌리가 튼튼한 나무는 강풍에도 절대 뽑히지 않으나,
뿌리가 약한 나무는 미풍에도 쉬 뽑히고 만다.
사람의 마음 또한 이와 같다. 의지가 탄탄하고 굳세면
최악의 상황에서도 흔들리지 않으나, 의지가 약하면
조금만 힘들어도 쉽게 흔들리어 쓰러지고 만다.

의지는 마음의 뿌리이다. 마음의 뿌리가 튼튼해야 그
어떤 어려움도 극복할 수 있다.

 의지가 강하면 아무리 험한 삶의 폭풍우에도 쓰러지지 않는다. 굳은
의지는 마음의 뿌리이다. 의지를 굳게 하여 삶의 그 어떤 폭풍우가 몰
아치더라도 반드시 이겨내라.

상대의 장점을 보라

좋은 인간관계를 이어가기 위해서는 상대의 장점을
보아야 한다. 누구나 자신의 좋은 점을 봐줄 때 그 사
람에 대해 호감을 갖고 대한다.

상대의 장점만 보는 사람은 누구에게나 좋은 이미지
를 심어준다. 그래서 이런 인물 주변엔 창조적이고 생
산적인 마인드를 가진 좋은 사람이 많다.

 좋은 인간관계를 맺고 싶다면, 그 사람의 장점을 보라. 상대는 그런 당
신과 좋은 관계를 맺기 위해 노력할 것이다.

인생의 굴레에 갇히지 않는 법

인생이란 수많은 과정을 거치면서 성숙해짐은 물론 자신이 원하는 길을 가게 되는 것이다. 인생을 살아가는 동안 그 어떤 일을 만나더라도 그것은 자신이 마땅히 거쳐야 할 과정이라고 생각하라. 그러면 그 어떤 어려운 일을 맞닥뜨리게 되더라도 두려움 없이 그 일을 헤쳐 나아가게 될 것이다.

그러나 그것을 피하려고 한다면 인생의 굴레에 갇히게 됨으로써 자신의 인생을 스스로 옭아매게 된다. 이를 마음에 새기고 인생의 굴레에 갇히지 말라.

 살다 보면 갖가지 어려움이라는 장벽을 만나게 된다. 이때 그 굴레에 갇히지 않도록 하라. 굴레에 갇히는 순간 인생의 패배자가 되기 쉽다. 그런 까닭에 기어코 어려움에 맞서 이겨내야 한다.

눈물을 삼키는 법

누구에게나 삶의 고통은 피해 갈 수 없는 인생의 불청
객이다. 어쩔 수 없으니 부딪쳐야 한다.

'의지가 굳고 기력이 있어 무슨 일에도 굴하지 않는다.'
이는《논어論語》자로편子路篇에 나오는 말 '강의목눌剛毅
木訥'으로, 인간에게 의지의 중요성을 잘 알게 해준다.
눈물을 이기는 것은 그 어떤 고통도 굳은 의지와 용기
로 이겨내는 것이다. 이것이 눈물을 삼키는 법이다.

 삶의 고통으로 눈물을 흘릴 때가 있다. 이때 눈물을 이기는 가장 좋은
방법은 자신의 의지를 견고하게 다지는 것이다. 의지가 견고하면 눈
물을 이길 수 있다. 눈물도 견고한 의지 앞에선 반전될 것이다.

선은 가까이하고, 악은 멀리하라

마음의 중심을 선에 가까이하면 선한 행동을 하게 되고, 악에 가까이하면 악한 행동을 하게 된다.

인간이 지닌 괴물성 또한 선에 가까이하면 차분히 안정되지만, 악에 가까이하면 공격적으로 포악해진다.

마음속의 괴물에게 휘둘리지 말고, 괴물을 의지대로 조절할 줄 알아야 한다. 그것이 자신을 행복하게 하고, 복되게 하는 일이다.

 마음속에 내재해 있는 악의 괴물에게 휘둘리지 않으려면, 선한 마음을 길러야 한다. 선한 마음이 클수록 악의 괴물은 그 사람을 두려워한다. 선한 마음을 쌓도록 선하게 생각하고 선하게 행동하라.

상대에게 사랑받기를 원한다면

외모가 무척 수려할지라도 성격이 너무 까칠하거나
수시로 막무가내 변덕을 부린다면 사랑하고 싶은 마
음이 들다가도 이내 시들고 만다. 그런 행동들이 사랑
하고 싶은 마음에 제동을 걸기 때문이다.

상대에게 사랑받기를 원한다면, 상대가 사랑하고 싶
은 마음이 들게 노력해야 한다.

 사랑받고 싶다면 상대가 사랑하고 싶게 해야 한다. 안하무인으로 함
부로 군다면 그런 사람을 좋아할 리가 없다. 사랑도 뿌리는 대로 거두
는 법이다.

꽉 찬 수레 같은 사람

수레에 짐이 가득하면
소리가 나지 않는다.

반면, 수레에 짐이 적으면
그만큼 소리도 커진다.

재능이 아무리 뛰어나다고 해도
나쁜 버릇이나 성격을 가지고 있으면
소리 나는 빈 수레와 같다.

재능이 뛰어난 데다
인품까지 좋으면 금상첨화다.

 인품을 갖추면 문제가 안 생긴다. 반면, 인품을 갖추지 못하면 항상 이런저런 문제가 요란하게 된다. 빈 수레가 요란한 법, 인품을 갖추지 못한 사람은 빈 수레다.

인생의 걸림돌, 비난

아무리 현자라 해도 비난받는 일에서 자유로울 수 없다. 비난은 상대의 인격을 깎아내림은 물론 그 사람을 모독하는 행위이다. 그러니 보통 사람들이야 오죽할까.

비난은 자신을 스스로 무너지게 하는 인생의 걸림돌이다. 그 걸림돌에 채여 넘어지는 순간, 그 사람의 인생도 끝나게 될 수 있음을 유념해야 할 것이다.

 남을 비난하면 자신은 더 큰 비난을 사게 된다. 비난은 그것이 무엇이든 옳지 못하다. 특히, 상대방을 공격하기 위해 하는 비난은 총칼보다도 무섭다. 불필요한 비난을 삼가라. 싸지른 비난은 필시 부메랑이 되어 자신을 아프게 칠 것이다.

Mar.

생각 플러그를
'Yes' 코드에 꽂아라

참된 인생을 사는 법

참된 인생을 살기 위해서는 슬픔과 고난을 겪기도 하고, 시련과 고통 속에서 눈물을 흘리기도 하면서 인생의 참된 가치를 깨우쳐야 한다. 참된 기쁨과 행복과 즐거움도 그때 온다.

인생의 단맛에 길든 사람은 인생의 참된 기쁨과 참된 인생이 무엇인지를 잘 알지 못한다. 그러나 자신을 저주하고 싶을 만큼 인생의 쓴맛을 본 사람은 인생의 단맛을 위해 자신에게 주어진, 그 어떤 고난과 역경과 슬픔을 두려워하지 않고 극복하기 위해 최선을 다한다.

 좋은 환경에서는 참된 인생을 사는 법을 잘 모른다. 수없이 부딪혀 넘어지고 일어서는 고난 속에서 인생은 알차게 여물어간다. 그런 까닭에 그 어떤 고난도 두려워하지 말고 맞서 이겨내야 한다. 이것이 참된 인생을 사는 최선의 방법이다.

갑질을 삼가라

사람 위에 사람 없고 사람 아래 사람 없다는 말이 있다.
하지만 현실은 전혀 그렇지 않다. 사람 위에 사람이 존
재하고 그 사람이 같은 사람을 지배한다.

갑질은 이러한 인간의 나쁜 습성을 잘 보여주는 대표
적인 것이다. 즉, 자신의 열등감을 자신보다 약자라고
생각하는 사람에게서 보상받으려고 한다. 이는 매우
불합리한 일이며 인간성을 상실하는 행위이다.

남의 인격은 물론 자기 인격까지 죽이는 악질 갑질을
삼가라.

 갑질은 자신의 모남을 스스로 자인하는 것이다. 그것은 결핍이 있는
사람이나 열등감에 사로잡힌 사람이 하는 행위이다. 갑질을 삼가라.
갑질로 인해 자신은 더 큰 마음의 상처를 입게 될 것이다.

March. 03

마음의 상처는 평생 간다

남의 가슴에 상처 주는 말을 해서는 안 된다. 상처를 입은 사람은 두고두고 자신에게 상처를 준 사람을 잊지 않고 나쁘게 기억할 것이기 때문이다.

누군가에게 나쁜 사람으로 기억된다는 것은 지극히 불행한 일이다. 마음의 상처는 평생 간다는 사실을 잊지 말라.

 남에게 상처 주는 말을 삼가라. 그렇지 않으면 당신은 더 큰 마음의 상처를 받게 될 것이다. 마음의 상처를 입은 사람이 두고두고 당신을 비난하고 원망할 것이기 때문이다.

생각 플러그를 'Yes' 코드에 꽂아라

부정적인 생각을 지닌 사람은 충분히 할 수 있는 것도 조금만 어려움이 닥쳐도 포기하고 만다. 그의 머리를 온통 부정적인 생각으로 가득 채우고 있기 때문이다. 그러나 할 수 없는 일도 할 수 있다고 생각하면 충분히 해낼 수 있다. 모든 것은 생각에서 온다. 생각이라는 플러그를 'Yes'라는 코드에 꽂아야 한다. 그러면 불가능한 일도 능히 해낼 수 있다.

 내가 잘되고, 안되는 것은 내 생각에 달렸다. 잘되고 싶다면 매사를 긍정적으로 생각하라. 부정적으로 생각하면 매사 부정적인 결과를 낳게 된다. 이를 깊이 유념하라.

중심이 바른 사람

중심이 바른 사람은 남을 함부로 대하지 않는다. 그것이 얼마나 무익한 일인지를 잘 아는 까닭이다.

그러나 중심이 바르지 못한 사람은 자신의 문제나 잘 못된 것에 대해 잘 알지 못한다. 마음의 눈이 흐리기 때문이다.

자신을 잘 알고 올바르게 행하는 사람이 되어야 한다. 이런 사람이 진정으로 자신을 사랑하는 사람이다.

마음의 중심이 반듯한 사람은 그릇되게 행동하지 않는다. 그러나 중심이 반듯하지 못하면 함부로 행동하게 된다. 마음의 눈이 어두운 까닭이다. 마음을 맑고 깨끗하게 하여 중심을 반듯하게 하라.

화를 억제하기

인생의 불행 중 대부분은
화火를 참지 못해
함부로 말하고 행동하는 데 있다.

화는 이성을 마비시켜
막말하고 함부로 행동하게 한다.

화를 억제하는 것만으로도
인생을 행복으로 이끌 수 있다.

 화는 불행을 낳는 씨앗이다. 화가 일어날 때마다, 마음을 차분히 가라
앉히는 습관을 들여라. 한 번 참으면 두 번 세 번 참게 되고, 열 번을 참
으면 백 번을 참게 되고, 백 번을 참으면 그 어떤 경우에도 화를 억제할
수 있다.

현자와 무지한 자

현자賢者는 자신에게 엄격하지만, 무지無知한 자는 자신에게 관대하다. 또한 현자는 언제나 자신의 처지에 만족하며 남들을 비난하지 않는다. 하지만 무지한 자는 자신의 처지를 비관하고 늘 남 탓을 한다.

이것이 현자와 무지한 자의 차이이다. 자신에게 엄격한 사람은 모든 것을 자신의 탓으로 여겨 그만큼 실수를 줄이게 되고 현명한 길을 가는 것이다.

자신에게 엄격하고 타인에겐 관대하라.

 현자는 이치에 밝아 자신의 마음을 잘 다스려 탈이 없지만, 무지한 자는 지혜롭지 못해 매사에 탈이 많다. 무지를 벗기 위해서는 마음을 수양하고, 지혜를 기르는 일에 힘써야 한다. 무지를 벗고 현자가 되라.

절제의 미덕

인내하라.

인내는 절제의 미덕이며,

자기 구현의 원동력이다.

 매사에 절제를 한다는 것은 쉽지 않다. 그것은 자신의 마음을 비울 수 있어야만 할 수 있기 때문이다. 마음을 비우기 위해서는 인내심을 길러야 한다. 모든 탐욕으로부터 자신을 지킬 수 있도록 노력하라.

꼭 읽어야 할 책

책을 읽어야 한다.

읽되,

자기 내면을 탄탄히 쌓는

책을 읽어야 한다.

 무익한 책은 아무리 많이 읽어도 득이 되지 않는다. 그러나 유익한 책
은 득이 되고 지혜를 준다. 자기 내면을 튼튼히 하고 지혜를 주는 책
을 많이 읽어라. 이런 책은 인생을 환히 밝히는 빛과 같기 때문이다.

삶을 깊어지게 하라

인생의 기쁨과

행복을 누리고 싶다면

삶을 깊어지게 하라.

깊어지는 삶은

새로운 나를 사는 것이다.

 삶이 얕고 가벼우면 인생의 참된 맛을 모른다. 그러나 삶이 깊으면 인
생의 참맛을 알 수 있다. 참된 인생을 사는 사람의 삶은 깊고 우직하
다. 삶을 깊어지게 하라.

어둠의 장벽

쓸데없는 오해는

인간관계를 무너뜨리는

어둠의 장벽과 같다.

오해를 사게 되면 인간관계에 벽이 가로막혀 단절되고 만다. 불필요한 오해를 하지도 말고, 사게도 하지 말라. 오해에서 벗어난다는 것은 그만큼 인간미가 성숙하다는 방증이다. 오해로부터 자유로운 당신이 되라.

진실로 강한 것

인격적으로

모나지 않은 사람은

그 누구에게도 굽힘을 당하지 않는다.

그는 진실로 강한 것이

무엇인지를 잘 아는 까닭이다.

 인격적인 사람은 누구에게도 업심을 당하거나 굽힘을 당하지 않는다. 무지한 사람도 인격적인 사람에겐 함부로 하지 않는다. 이렇듯 인격이란 진실로 강한 것이다. 그런 까닭에 인격은 반드시 갖추어야 할 품성인 것이다.

아름다운 삶의 기술

세상을 지혜롭게 살기 위해서는
'용서'라는 아름다운 삶의 기술을
반드시 배워야 한다.

용서는
아름다운 사랑이다.

 자신에게 잘못한 사람을 용서한다는 것은 도량이 있어야만 한다. 그
런 까닭에 용서는 아름다운 사랑의 결행이라고 할 수 있다. 용서하라.
그로 인해 자신의 품격을 높이고, 더 큰 사랑을 배우게 될 것이다.

본연의 삶

인간 본연의 삶은

무엇이 되느냐가 아니라

어떻게 살 것인가에 있다.

 무엇이 되기 위해 산다는 것은 조금을 사는 것이지만, 어떻게 살 것인가를 고민하고 그렇게 산다는 것은 전부를 사는 것이다. 무엇이 되기보다는 어떻게 살 것인지에 대해 고민하고 실행하는 당신이 되라.

March. 15

인간의 본질

인간의 본질은
생각하는 존재이며,

인간답게 살 때 그 본질은 더욱
우리를 인간답게 한다.

인간의 본질은 인간답게 사는 데 있다. 인간답게 살려면 인간다운 일
에 매진해야 한다. 인간다움은 인간답게 살 때 길러지는 품성이다. 인
간다운 인간, 인간답게 사는 삶이 진정 아름답다.

진정한 앎이란

행함이
없는 앎은 죽은 지식이다.

행하는 앎이 될 때
지식은 생생히 빛난다.

 아무리 박학다식해도 실행이 따르지 않는 지식은 죽은 지식이다. 아는 것을 행할 때 그 지식은 빛나고 참된 지식으로서 가치를 지닌다. 행함이 있는 지식을 갖추라.

흙

흙은 진실의 표상이며,

무변광대無邊廣大한 자연의 스승이다.

흙에 배워라.

 흙은 콩을 심으면 콩이 나게 하고, 감자를 심으면 감자가 나게 한다.
흙은 모든 씨앗을 품고 길러 열매를 내어준다. 흙은 생명의 터전이요,
정직한 자연의 스승이다.

독서는 때가 없다

독서는 때가 없다.

때를
가리지 말고 독서하라.

독서량만큼

인생은 빛을 발하는 법이다.

 독서는 자신에게 잘 맞는 시간에 하면 된다. 요컨대 독서는 때가 없
다. 읽고 싶을 때 언제든지 책을 펼쳐라. 독서하는 만큼 지식도 지혜
도 삶도 풍요로워진다.

타인을 사랑한다는 것은

타인을 사랑한다는 것은

곧,

자신을 사랑하는 것이며

자신과 타인 모두를 온전히

행복하게 하는 일이다.

 타인을 사랑하는 만큼 자신의 사랑도 행복도 커진다. 사랑은 베풀면
베풀수록 더 많은 사랑으로 넘쳐난다. 사랑은 행복의 화수분이다. 사
랑을 베풀수록 계속 샘솟듯 행복해지는 까닭이다. 사랑하라, 이 세상
의 행복을 다 가진 것처럼.

완전한 이해

완전한 이해를 바라지 말라.

완전한 이해란 없다.

상대의 입장에서 생각할 때

오해를 줄임으로써

완전한 이해에 가까워지는 것이다.

 상대방에게 완전한 이해를 구한다는 것은 나무에서 물고기를 잡는 것과 같다. 완전한 이해란 없다. 다만 이해하도록 노력하는 것, 그것이야말로 오해를 줄이는 최선의 법칙이다.

성찰의 길

여행은

감춰진 자신을 보게 함으로써

새로운 나로

거듭나게 하는 성찰의 길이다.

새로운 곳을 여행하다 보면 평소에 느끼지 못했던 것을 느끼게 된다. 그 느낌은 깨우침이 되고, 그것을 통해 새로운 눈을 기르게 된다. 여행은 새로운 눈을 갖게 하는 성찰의 길이다.

자신을 녹슬게 하지 말라

자신을 녹슬게 하지 말라.

녹슨 삶은 죽은 삶이다.

스스로 갇히게 하지 말라.

자신에게 성의誠意를 다하라.

이로써 빛나는 삶을 살라.

 자신을 방치한다는 것은 자기 삶을 녹슬게 하는 것이다. 무엇이든 배우고 익혀라. 한 번 사는 인생, 늘 갈고닦아 자신을 반짝반짝 윤내라.

기적을 사는 존재

우리는
매사를 소중히 해야 한다.

우리는 하루하루
기적을 사는

소중한 존재이기 때문이다.

이 지구상엔 하루에도 수많은 일이 일어난다. 그 많은 일 가운데에서
온전히 살아간다는 것은 기적과도 같다. 우리는 기적을 사는 것이다.
하루하루를 감사하며 사는 당신이 되라.

인생의 가치

삶의 가치를

어디에 두는가에 따라

그 사람의

인생 가치는 결정된다.

 삶을 가치 있게 사느냐 여부는 매우 중요하다. 그것은 자신을 가치 있는 인생의 주인공이 되게 하느냐, 않느냐의 문제이기 때문이다. 한 번 사는 축복된 인생, 가치 있게 살라.

인간의 본성을 맑고 향기롭게 하기

따뜻한 가슴에는
생명이 넘치고 사랑이 넘친다.

하지만 따뜻한 가슴을 잃는 순간,
인간의 본성을 잃게 되고
자신을 어둠의 감옥에 갇히게 한다.

따뜻한 가슴을 잃지 않도록
인간의 본성을
맑고 향기롭게 하라.

 따뜻한 사람은 정이 넘치고 사랑이 넘친다. 따뜻한 가슴은 사랑의 마음이자 인간의 본성이다. 인간의 본성을 잃지 않도록 늘 따뜻한 가슴이 되게 하라.

하고 싶은 일은 그 자체가 꿈이다

자신이 하고 싶은 일은
힘들어도, 돈이 안 되도
즐거움을 준다.

시류를 따르지 말고,
누구의 눈치도 보지 말라.

오직,
자신이 하고 싶은 일을 하라.

하고 싶은 일은
곧,
그 자체가 꿈이다.

 자신이 좋아서 하는 일은 즐거움이 넘친다. 아무리 힘들어도 지루하지 않다. 좋아서 하는 일은 그 자체가 꿈이기 때문이다. 진실로 행복해지고 싶다면 자신이 좋아서 하는 일을 하라.

때때로 침묵하라

말이 넘치는 시대에는
때때로 침묵이 필요하다.

침묵을 통해 자신을 돌아보고,
생각을 정리할 필요가 있다.

그렇지 않으면
넘치는 말로 인해 화를 입을 수 있다.

침묵하라.

침묵함으로써 내면의 소리에 귀 기울여라.

 말이 넘치는 오늘날, 특히 더 침묵하라. 그렇지 않으면 말의 장벽에 갇혀 함정에 빠진 이리처럼 슬피 울게 될 것이다. 침묵은 말 없는 대화이다. 침묵함으로써 말의 함정에 빠지지 말라.

더 많이 사랑하라

행복은 사랑에서 오고,
사랑을 줄 때
더 큰 행복으로 돌아온다.

더 많이
행복해지고 싶다면
더 많은 사랑을 베풀어라.

 더 행복해지고 싶다면 지금보다 더 많이 사랑하라. 사랑은 행복을 키
우는 자애로운 어머니이다.

단순한 삶을 산다는 것은

단순한 삶을
살아간다는 것은 쉽지 않다.

그것은 절제를 필요로 하고
때론 그에 따른 고통을
감수해야 하는 까닭이다.

하지만 그처럼 살 수만 있다면
좀 더 완전한 행복에 이를 수 있다.

단순한 삶을 산다는 것은
인간의 본질을 가장 투명하게
성찰할 수 있기 때문이다.

 인간의 본질을 잃지 않고 인간답게 살고 싶다면, 삶을 단순화하라. 단
순한 삶은 주위를 살펴볼 여유를 줌으로써, 삶을 행복으로 이끌어주
기 때문이다.

마음의 독

사치와 허영심은

삶을 어둠으로

몰아가는 파멸의 바이러스와 같다.

사치와 허영심을 멀리하라.

사치와 허영심은

반드시 버려야 할 마음의 독이다.

 허영심은 삶을 녹슬게 하고 행복을 갉아먹는 불행의 바이러스와 같다. 허영심을 줄여 사치로부터 자신을 보호하라.

행복에 이르는 길

마음을 열고 바라보라.

그러면 사람이든 사물이든
좀 더 이해하게 됨으로써
행복한 삶에 이를 수 있다.

 열린 마음은 긍정의 마음이며 창의적인 마음이다. 마음이 열린 사람
은 모든 것을 긍정적으로 바라본다. 그런 까닭에 모나지 않고 자신을
행복하게 하는 것이다.

Apr.

인생에
정년은 없다

삶의 브레이크

절제는

인

생

의

미덕이자 삶의 브레이크이다.

 아무리 맛있는 것도 몸에 악영향을 주고, 아무리 재밌는 게임도 자신
을 비생산적으로 만든다. 그런 까닭에 모든 일엔 '멈춰'라는 절제의 브
레이크가 필요하다.

마음의 보석

믿음은 사랑에서 오고,
사랑은 믿음에서 온다.

믿음과 사랑은
세상을 아름다운 꽃밭으로 만드는
마음의 보석이다.

믿음은 나와 너, 우리 모두를 신뢰받는 존재가 되게 한다. 믿음은 신
뢰의 근원이자 마음의 보석이다. 믿음을 기르고 싶다면 사랑으로 대
하라. 사랑을 베푸는 자는 누구든 믿음으로 대하는 까닭이다.

April. 03

변화의 적에게서 벗어나기

변화의 적은
묵은 생각과 낡은 틀
그리고 안주하는 마음이다.

새로운
내가 되기 위해서는,

이 모든 것으로부터
즉시 벗어나야 한다.

 묵은 생각, 낡은 틀은 변화를 가로막는 커다란 장애물이다. 지금과 다른 새로운 나로 살고 싶다면 묵은 마음, 낡은 생각의 옷을 벗어버리고 새로운 마음, 새로운 생각의 옷으로 갈아입어라.

첫 마음을 잃지 않기

첫 마음은
삶의 순결성이다.

삶의 순결성인 첫 마음,

그 어느 때이든
절대
그 마음을 잃지 말라.

 사람은 누구나 첫 마음을 품고 산다. 그런데 문제는 첫 마음을 잃는
데 있다. 아름답게, 행복하게 살고 싶다면 삶의 순결성인 첫 마음을 잃
지 않도록 하라.

April. o5

공짜를 경계하라

공짜를
복이라고 믿는 이들이 있다.

그러나
공짜는 마약과 같은 것이다.

공짜를 경계하라.

 공짜는 불로소득이 아니다. 그것은 마약과 같다. 공짜에 물들면 자꾸
만 공짜를 바라고 요행을 바라게 된다. 공짜를 경계하면서 자신의 노
력으로 원하는 것을 얻도록 하라.

누구와 함께하느냐가 중요하다

사람에게 가장 큰
영향을 끼치는 존재는 사람이다.

그런 까닭에
누구와 함께하느냐는
매우 중요하다.

누구와 함께하느냐에 따라
그 사람의 인생이 결정되기 때문이다.

 사람과 교류하는 데 신중하라. 교류 상대가 무엇을 하고, 인품이 어떤
가 하는 것은 절대적인 영향을 끼친다. 인생에 도움 되는 사람과 교류
하라. 그 사람은 내 인생의 빛과 같은 존재이다.

믿음의 보증수표, 신뢰

신뢰는
믿음의 보증수표다.

신뢰를 지키면
원하는 것을 얻게 되고,

지키지 않으면
하루아침에 모든 것을 잃게 된다.

 신뢰할 수 있는 사람은 믿음이 간다. 그런 까닭에 그 사람과 함께하면
잘못될 일이 없을 것만 같다. 신뢰는 믿음의 증거이자 반드시 지녀야
할 삶의 자세이다.

처음 시작이 중요하다

모든 일은
처음 시작이 중요하다.

처음을 어떻게 시작하느냐에 따라
모든 것은 결정된다.

자신이 바라는 것에 대해
좋은 결과를 얻고 싶다면,

오늘이 마지막이듯
자신의 모든
에너지와 역량을 쏟아부어라.

 시작이 반이라는 말이 있다. 무슨 일이든 처음이 중요하다는 의미이다. 처음을 잘 시작하면 좋은 결과를 얻게 된다. 무슨 일이든 잘 준비하여 처음을 잘 시작하라.

더 오랫동안 행복하고 싶다면

행복은
작고 적은 것에서 찾아야 한다.

그래야 더 많은
행복을 느낌으로써

더욱더
오래 행복할 수 있다.

 더 많은 행복을 느끼고자 한다면 작은 일에도 행복할 줄 알아야 한다.
작은 것에서 행복을 느끼면 그만큼 행복을 느끼는 대상이 많아지게
된다. 작은 일에도 행복해라.

인생의 녹슮을 경계하라

녹이 쇠를 녹슬게 하듯

게으름, 나태함, 탐욕,

부정적인 생각, 무책임 등은

사람을 파멸로 이끈다.

늘,

인생의 녹슮을 경계하라.

 어떤 사람은 빛나게 사는데, 어떤 사람은 마지못해 산다. 멋지게 살고
싶다면 인생을 녹슬게 하는 게으름, 나태함, 부정적인 생각, 무책임을
모두 비워라. 그리고 성실, 긍정적인 생각, 책임감을 가득 채워라.

자신을 살피는 일

자신을
살피는 일에 힘쓰는 자는
스스로
다이아몬드가 되고,

그렇지 않은 자는
아무것도
아닌 것으로 살아가게 된다.

 자신의 잘잘못을 가려 잘한 것은 더 잘하게 하고, 잘못한 것은 그 원인을 찾아 고쳐나가라. 자신을 살피는 일은 자신을 잘되게 하는 데 큰도움이 된다. 늘 자신을 살펴 몸과 마음을 반듯하게 하라.

현실에 안주하지 않기

안주한다는 것은
자신을 스스로 부패시키는 일이다.

늘,

생각을 새롭게 하고
현실에 기대 안주하지 말라.

 고인 물은 썩게 마련이다. 생각도 한곳에 머물러 있으면 굳게 마련이
다. 현실에 안주함은 이와 같으니, 새로운 내가 되기 위해서는 늘 생
각을 새롭게 발동하라.

인생에 정년은 없다

인생에 정년은 없다.

100세 시대에
인생의 정년은 스스로 만드는 것이다.

창조적 정신과
노력이 멈추는 날까지는,

언제나 현역으로 사는 당신이 되라.

 인생에 정년은 없다. 단, 자신을 늘 가꿔 젊고 건강하게 자기 일을 할 때만이 그렇다. 그런 까닭에 어떤 사람은 죽을 때까지도 정년이 없고, 어떤 사람은 오십, 육십에도 정년을 맞는다. 인생의 정년이 없이 사는 당신이 되라.

아름다운 인간관계의 주체

이름다운 인간관계는

서로를 아끼고 존중할 때,

서로를 배려하고 양보할 때 이루어진다.

자신을 사랑하듯 상대방을 사랑하고

자신을 살피듯 상대방을 살펴라.

아름다운 인간관계의 주체는

서로에 대한 변함없는 사랑과 관심이다.

 모든 것은 자기가 하기 나름이다. 사람들과 잘 지내기 위해서는 배려
하고 양보하며 관심을 기울여라. 그러면 상대 또한 진정성 있게 당신
을 대할 것이다. 이처럼 서로가 위해줄 때 아름다운 인간관계는 형성
된다.

시련과 고통의 참의미

시련과 고통을

축복의 선물로 여기면

인생의 더없는 기쁨이 되지만,

저주로 여기면

단지 고통의 늪이 될 뿐이다.

 시련과 역경을 고통이라고 생각지 말고 잘될 수 있는 기회로 여겨라.
그리고 이겨내도록 노력하라. 그러면 더없는 축복이 손을 잡아줄 것
이다.

웃음과 복

잘 웃는 사람은 보기가 좋다.

그래서 잘 웃는 사람은

누구에게나 친근감을 준다.

웃어라.

웃는 사람에게 복이 온다.

 웃는 사람치고 안 예쁜 사람이 없다. 웃음은 기쁨을 주는 행복의 꽃이기 때문이다. 웃어라. 힘들어도 웃고, 슬퍼도 웃어라. 웃음은 당신에게 복을 한 아름 안겨줄 것이다.

가치 있는 일

가치 있는 일은
자신을 가치 있게 만들고,

무가치한 일은
자신을 무가치한 사람으로 만든다.

가치 있는 인생이 되라.

 가치 있는 인생이 되고 싶다면, 가치 있는 일을 하도록 노력하라. 가
치 있는 일은 그것이 무엇이든 당신을 가치 있는 인생의 주인공이 되
게 할 것이다.

인간의 본성

어짊은 곧 덕이요,
덕은 곧 어짊이다.

이는
반드시 갖춰야 할
인간의 본성임을 잊지 말라.

 어진 사람은 온유하고 정이 많다. 그래서 남을 배려하고 생각해주는 마음이 뛰어나다. 어짊은 덕이요, 덕은 어질기 때문이다. 덕을 쌓아 어진 사람이 되는 것, 그것은 자신을 참사람이 되게 하는 값진 일이다.

혼자만의 시간 갖기

혼자만의 시간은
자신을,
가장 잘 들여다보는 시간이다.

혼자만의
시간을 통해 자신을 성찰하라.

성찰함으로써 자신도 사물도
새롭게 바라보는 눈이 열리게 될 것이다.

 바쁜 일상일수록 혼자만의 시간을 가져야 한다. 자기 내면과 마주하
는 시간을 통해 마음에 비울 것은 비우고 새로운 생각을 채워야 한다.
인간은 비움과 채움 속에서 인간답게 영글어가는 것이다.

그 일이 그 사람을 만든다

자신의 인생을
새롭게 변화시키고 싶다면,

그럴 수 있는 일에
각고의 노력을 다하라.

그 일이
곧,
그 사람을 만드는 법이다.

 일은 의식주와 더불어 자아를 실현하는 기회를 제공해준다. 일은 곧
그 사람의 삶이다. 그런 까닭에 그가 하는 일이 곧 그 사람을 말해준
다. 자신이 좋아서 하는 일에 열정을 다하라.

삶을 주체적으로 살아가기

옳은 일은 옳다,

그른 일은 그르다 하고

냉정하게 판단해야 한다.

그렇게 될 때

삶을

주체적으로 행복하게 살 수 있다.

살면서 겪게 되는 모든 일에 대해 옳고 그름을 분명히 해야 한다. 그
렇지 않으면 무분별함으로 인해 인생을 그르칠 수 있다. 옳고 그름을
분명히 할 때 삶을 주체적으로 살게 된다는 것을 잊지 말라.

새것을 받아들이는 법

새것을
받아들이기 위해서는

낡은 생각,
묵은 마음,
불필요한 고정관념 등

반드시
낡은 것을 버려야 한다.

그렇지 않으면
새것이
들어올 수 없다.

 새 술은 새 부대에 담아야 한다. 그렇지 않으면 술이 낡은 틈으로 샐
수 있고, 맛도 변할 수 있다. 이처럼 새로운 것을 위해서는 낡은 것들
을 다 버려야 한다. 이게 새로운 것을 받아들이는 바람직한 자세이다.

April. 23

매인다는 것의 의미

매인다는 것은
단절을 의미한다.

단절된 삶에는 충만함이 없다.

충만한 삶을 살기를 바란다면
그 어디에도
매이지 말고 열어두라.

 능동적이고 창의적인 삶을 살기 위해서는 그 어디에도 매여서는 안
된다. 그것은 단절을 가져오기 때문이다. 충만한 인생을 살고 싶다면,
자기 생각의 문을 활짝 열고 조화롭게 살도록 노력하라.

품격 있는 인생

품격 있는 인생이 되려면
마음을 맑게 하고,
양심에 부끄러움이 없어야 한다.

품격은 그 누군가가
높여주고 만들어주는 것이 아니다.

자기 스스로에게 떳떳할 때
품격은 저절로 따라온다.

품격 있는 인생이야말로 진정한 부자다.

 품격 있는 인생을 살고 싶다면 양심을 바르게 하고, 몸과 마음가짐을
단정히 하라. 품격 있는 인생은 성숙한 인격에서 오기 때문이다.

행복은 당신 곁에 있다

멀리서 행복을 찾지 말라. 행복은 당신 곁에 있다.
맑은 눈으로 바라보라. 마음의 귀를 열고 들어라. 욕심
을 내려놓아라. 칭찬을 많이 하라. 긍정적으로 생각하
고, 부정적인 생각은 잘라버려라. 사악한 마음을 몰아
내라. 쓸데없는 걱정에 사로잡히지 말라. 먼저 다가가
고, 먼저 배려하고, 먼저 사랑하라.
그러면 행복이 당신의 인생에 충만히 들어올 것이다.

 행복은 저 멀리에 있지 않다. 늘 당신 곁에 있다. 행복해지고 싶다면
스스로 행복을 찾고 두드리고 구해야 한다. 왜냐하면 남이 주는 행복
은 짧고, 자신이 만드는 행복은 오래가는 까닭이다.

천국과 지옥

마음이
즐거우면 그 순간이 천국이지만,

마음이
괴로우면 그 순간이 지옥이다.

천국과 지옥은 각자의 마음에 있으니,

매사를
즐김으로써 천국이 되게 하라.

 천국과 지옥은 각자의 마음에 달려 있다. 마음이 즐거우면 천국이요,
마음이 즐겁지 않으면 지옥이다. 삶을 즐김으로써 당신의 삶을 천국
이 되게 하라.

눈금

눈금은 거짓말을 하지 않는다.

다만,

사람이 눈금을 속이고

거짓말로 현혹할 뿐이다.

 저울의 눈금은 정확하다. 다만, 양심이 바르지 못한 사람이 눈금을 속이는 것이다. 눈금이 거짓을 말하지 않듯 당신의 인생 눈금을 속이지 말라. 그것은 자신을 스스로 궤멸시키는 짓이다.

지혜와 지식

모든 지혜는 경험에서 오고,

모든 지식은 학문을 통해 싹트고 길러진다.

지혜는 지식의 어머니이다.

지혜가 밝을수록 지식은 그만큼 깊이를 더하고

지혜와 지식이 더불어 병존할 때

최고의 지성인으로 거듭난다.

 지혜는 경험으로 길러지고, 지식은 학문으로 길러진다. 이 둘이 조화를 이룰 때 지성은 빛난다. 지혜와 지식을 길러 지성을 갖추는 당신이 되라.

육신의 나이, 영감의 나이

육신의 나이는
늙고 젊음을 가린다.

그럼에도 영혼이 깨어 있으면
늙고 젊음은 의미가 없다.

왜 그럴까.

영감Inspiration의 나이는
육신의 나이와 상관없는
영원한 청춘이기 때문이다.

 육신의 나이가 아무리 많아도 영혼이 깨어 있으면 젊게 살 수 있다.
영감의 나이는 영혼이 깨어 있는 까닭에 몸은 늙었어도 영원한 청춘
으로 살아가는 것이다.

삶은 소유가 아니다

삶을
소유하려고 애쓰지 말고,

매사에
순간순간을 잘 살도록 노력하라.

순간순간을 잘 살면
기쁨도 행복도 그만큼 큰 법이니,

요행을 바라지 말고,

매 순간
온 마음을 다해 나를 살라.

 삶은 소유의 대상이 아니다. 그러니 그저 순간순간을 멋지고 행복하
게 살 수 있도록 노력하라.

May.

자신을
가치 있게 하는 법

May. 01

사람답게 살아가기

개만도
못한 사람이란 말이 있듯,

사람답지 못하면
그것은 진짜 스스로 개가 되는 것이다.

150

사람답게 살아야겠다.

 사람다운 사람이란 무엇인가. 그것은 곧 인품을 갖춘 사람을 말한다.
인품이 갖춰지지 않으면 그것은 짐승과 다름없다. 짐승에겐 인품이
라는 것이 없지 않은가. 사람답게 인품을 갖추어라.

상대와 좋은 관계를 맺고 싶다면

상대와의 좋은 관계는

상대에 대한

당신의 배려와 이해에서 비롯된다.

상대의 입장에서 생각하고 행동하라.

그리하면 상대 또한

당신 입장에서 생각하고 행동할 것이다.

 상대와 좋은 관계를 맺고 소통을 이어가려면 상대와 마음이 잘 맞아야 한다. 이를 위해 필요한 것은 배려와 이해다. 역지사지 정신으로 상대를 대하면 상대 또한 똑같이 대할 것이다.

지혜와 어리석음

지혜는 밝음의 빛이며,

어리석음은 어둠의 그늘이다.

지혜는 행복을 부르지만,

어리석음은 불행을 부른다.

 지혜로운 사람은 매사를 슬기롭게 해 나아간다. 그러나 어리석은 사람은 매사를 그릇되게 해 나아간다. 지혜는 삶의 빛이 되어주지만 어리석음은 삶에 어둠만 깔아준다. 그런 까닭에 지혜로운 사람이 되어야 한다.

나만의 꽃을 피워라

나만의 꽃을 피우고 싶다면,

주관을 갖고 자신의 길을 가라.

가되, 당당하게 가라.

그러면 끝내는 나만의 꽃을 피우게 된다.

 백합은 백합의 향기를 풍기고, 장미는 장미의 향기를 풍긴다. 꽃도 저마다 자신의 향기를 지니듯 사람 또한 자기만의 향기를 지녀야 한다. 자기만의 인생꽃을 피워야 한다. 이는 곧 자신만의 삶이기 때문이다.

좋은 친구, 나쁜 친구

좋은 친구는

빛과 같아

나를 기쁘게 하지만,

나쁜 친구는

어둠과 같아

나를 근심의 장막에 가둔다.

 좋은 친구는 삶의 빛이 되어주지만, 나쁜 친구는 삶의 어둠이 되어준다. 좋은 친구를 사귀되, 내가 먼저 좋은 친구가 되어야 한다. 사람은 누구나 좋은 이에게 호감을 품고 함께하길 바라기 때문이다.

탐욕이라는 요물

탐욕은

인간의 마음을 어둡게 한다.

그런 까닭에 탐욕에 물든 그 순간,

인간은 탐욕의 노예가 된다.

탐욕이라는 요물을 경계하라.

 탐욕으로 가득 차 있는 사람을 보면 매사를 탐욕의 눈으로 바라본다. 그래서 탐욕에 물든 사람을 경계해야 한다. 탐욕에 빠지지 않도록 항상 마음을 정갈하게 하라.

나무처럼 살 수 있다면

나무는 붙박인 대로 자라나
푸른 숲을 가꾸고 열매를 내어준다.

나무는 안다,
사랑이라는 진실이 무엇인지를.

그런 까닭에
나무는 인간에 대한 믿음을,

아낌없는 사랑으로 갚는 것이다.

 나무는 '헌신'과 '희생'의 상징이다. 나무는 열매와 꽃과 향기 그리고
자신까지도 다 내어준다. 나무처럼 살 수 있다면, 가히 성자라 할 만
하다. 나무 같은 사람이 되라.

아름답게 살아야 하는 이유

꽃은 필 때도 질 때도 아름다워야 하듯,

사람 또한 아름답게 살아야 한다.

사람은 저마다

자신의 이름을 남기는 까닭이다.

 인생을 아름답게 살아야 하는 이유는 저마다 자신의 흔적을 남길 수밖에 없기 때문이다. 인생을 함부로 살지 말라. 자신답게 살고 자신의 이름을 남기는 사람이 되라.

내어놓을 줄 아는 자만의 기쁨

움켜쥐고 끌어안기만 하면,

베풂의 기쁨을 모른다.

내어놓아야 할 땐 내어놓아야 한다.

그 순간 기쁨의 전율이 일어날 것이다.

내어놓을 줄 아는 자만이

기쁨의 참맛을 제대로 알게 될 것이다.

 베풂의 기쁨은 베풀어본 사람만 안다. 베풂은 꿀보다 더 달고, 백합보다도 더 향기롭다. 항상 베풀어라. 베풂은 남을 위한 것이 아닌, 자기 행복을 위해서라는 걸 알게 될 것이다.

충만한 삶

충만한 삶은

물질과 지위와 학벌과 명예에 있지 않다.

그것은 착각일 뿐이다.

자기 내면이 튼실하다면

외적인 조건이 비록 가난할지라도

자신만의 충만한 삶을 살 수 있다.

 충만한 삶을 살고자 한다면 내면을 튼실하게 하라. 내면이 튼실하면 가난할지라도 이를 불행으로 여기지 않는다. 충만한 삶은 외적 조건에 달려 있지 않다. 튼실한 내면을 위해 독서하고, 사색하고, 기도하고, 수양하라.

생산적이고 창의적인 시간 갖기

자신을 살피고 돌아보는 시간은

생산적이고 창의적인 시간이다.

늘 자신을 살피고 돌아보는 시간을 가져라.

그렇게 함으로써

자신의 마음에 불의하고 비생산적인

삶의 먼지가 끼지 않도록 하라.

 날마다 자신을 살피고 돌아보는 시간을 가져라. 잘한 것은 무엇이며
잘못한 것은 무엇인지를 살펴 마음을 굳건히 하라. 굳건한 마음은 시
간 낭비 없이 생산적이고 창의적으로 살아가는 데 큰 도움이 된다.

인연을 소중히 하라

소중한 인연은
자신이 만드는 것이다.

내가 잘하면
상대 또한 내게 잘하게 되기 때문이다.

인연을 소중히 하라.

인연을 소중히 하는 것은
내 인생이라는 금고에,

인덕人德을 저축하는 것이다.

 좋은 인연은 저절로 오는 것이 아니다. 자신이 만드는 것이다. 좋은 사
람과 소중한 인연을 맺고 싶다면, 상대를 진정성 있게 대하라. 좋은 인
연은 인생의 빛이자 소금과 같기 때문이다.

진정한 자유

진정한 자유는

스스로에게 진실할 때 길러진다.

그래서 진정한 자유에는

책임과 의무,

때론 고통이 따르는 것이다.

 자유란 내가 하고 싶은 대로 하는 것이 아니다. 그것은 방종이다. 스스로에게 진실할 때, 책임과 의무를 다할 때의 자유가 진정한 자유다.

정도에서 벗어나지 않기

아무리 좋은 것도

지나치면 도리어 해가 되는 법이다.

사랑이든, 물질이든, 명예이든,

그 무엇이든

정도正道에서 벗어나지 않게 하라.

 정도에서 벗어나면 문제가 발생한다. 정도라는 레일을 이탈하면 무
분별하게 행동하게 되기 때문이다. 그것은 자신에게 해악을 끼치는
일이다. 그런 까닭에 정도를 지켜야 한다. 정도를 지킴은 삶의 근본
이다.

최고의 대화법, 경청

남이 말할 땐
성의 있게 들어주어라.

상대는
당신을 좋은 사람이라 믿고,

좋은 관계를
갖고 싶어 할 것이다.

 자기 말만 하는 이는 대화의 의미를 모르는 사람이다. 진정한 대화는
남의 말을 잘 들어주는 것이다. 누구나 자기 말에 귀 기울여 듣는 사
람을 좋아한다. 경청은 가장 뛰어난 대화법이다.

라이프 골드타임

똑똑하게 휴식하라.

여가와 휴식은 삶을 재충전함으로써

자기 인생을 업그레이드하는

'라이프 골드타임'이다.

 유대인들은 휴식을 철저하게 즐긴다. 휴식은 그냥 먹고 마시는 것이 아닌 새로운 에너지를 충전하는 기회이다. 그렇다. 휴식은 일상에서 쌓인 피로를 풀고 새로운 에너지를 비축하는 '라이프 골드타임'이다.

마음의 여유

마음의 여유를
갖고 살아야 한다.

마음의 여유는
삶을

유연하고 행복하게 한다.

 되도록 마음을 편안히 하는 것이 좋다. 마음이 편안해야 하는 일도 잘
된다. 복잡한 일상에서 마음이 불편하면 하는 일은 물론 모든 것에 여
유가 없다. 마음의 여유를 갖도록 묵상하고 기도하라.

덕을 베푼다는 것은

덕은
자신을 영화롭게 하고,

악은
자신을 불행에 빠지게 한다.

즐겁고 행복한 인생을 바란다면
매사에 덕을 심어야 한다.

 덕을 베푼다는 것은 상대를 위한 것이지만, 결국은 자신을 위한 것이다. 덕을 베풀면 자신이 행복할 뿐만 아니라, 참다운 인간미를 지닌 사람으로 평가받기 때문이다.

건강한 정신

정신이 약하면

모든 것이 다 약화될 수밖에 없다.

건강한 정신은

나를 위한 모든 것이다.

 건강한 정신은 어려운 일도 능히 해내게 하고, 어떤 고난에도 굴하지 않게 한다. 정신이 건강하면 육체 또한 건강하다. 건강한 정신을 길러 야 하는 이유가 바로 여기에 있다.

새로운 인생을 살고 싶다면

새로운 인생을 살고 싶다면

체면과 낡은 인습에서 벗어나야 한다.

새로운 인생은

자신을 새롭게 할 때

주어지는 삶의 선물이다.

 낡은 관습, 제도, 인습 등은 새로운 인생을 방해한다. 그것은 퇴물과
도 같은 인생의 방해꾼이다. 새로운 인생을 살고 싶다면 마음을 새롭
게 하고, 새로운 나로 거듭나도록 노력해야 한다.

무엇이 된다는 것은

무엇이 된다는 것은

매 순간을 생산적으로 살아가는 일이다.

매 순간을 살 때

자신에게 주어지는 인생 가치는

그만큼 빛나는 법이다.

 자신이 바라는 무엇이 되기 위해서는 매 순간 마지막인 것처럼 열정을 바쳐야 한다. 매 순간 최선을 다하면 반드시 바라는 일이 이루어진다. 정성은 사람을 배신하지 않는 까닭이다.

행복의 지수와 행복

행복의 지수와

행복은 반비례한다.

행복의 지수가 높을수록

불행을 느끼고,

행복의 지수가 낮을수록

행복을 느끼기 때문이다.

 행복해지고 싶다면 행복의 지수를 낮추어라. 행복의 지수를 낮추면 작고 사소한 일에서도 행복을 느끼게 된다. 행복의 지수가 낮을수록 행복의 크기는 더 커진다. 이것이 '행복의 법칙'이다.

자신을 가치 있게 하는 법

자신에게 주어진

책임은 반드시 져야 한다.

그것은 자신을

가치 있는 인간으로 만드는 일이다.

 가치 있는 사람이 되려면 하는 일마다 책임감을 갖고 해야 한다. 강한 책임감은 자신을 가치 있게 하는 원동력이다. 강한 책임감으로 자신을 무장하라.

더 큰 행복을 느끼는 비결

더 큰 행복을

느끼고 싶다면

마음의 부자가 되라.

마음의 부자는

어떤 상황에서도

자신의 행복을 잃지 않는다.

마음의 부자는 어떤 일에서든 행복해한다. 반면, 물질의 부자는 손에
쥔 것이 조금만 줄어들어도 불행하다고 생각한다. 초가삼간 속에서도
행복감을 잃지 않는 마음의 부자, 그 진정한 부자의 마음을 닮아라.

고문진보

고전古典은 영원히 변치 않는

진리를 담은 고문진보古文眞寶다.

고전을 많이 읽는다는 것은

마음의 보물을 쌓는 일과 같다.

 고전은 오랜 세월 사람들에게 사랑받은 책이다. 그것은 책으로서 충
분한 가치를 인정받았음을 뜻한다. 보물과도 같은 고전을 많이 읽어
야 한다. 이는 마음에 보물을 간직하는 것과 같다.

삶의 정의

삶은 사는 게 아니라

살아지는 것이다.

삶에 자신을 맡기고 열심히 사는

지혜로운 사람이 되라.

 삶은 창조주께서 우리에게 주신 은혜로운 시간의 길이다. 그러니 우리는 삶에 자신을 맡기고 주어진 길을 열심히 가면 된다. 삶은 열심히 사는 자를 좋아한다.

담담함을 지녀야 하는 이유

인생을 살다 보면
영원한 것은 없다는 걸 알게 된다.

즐거움이든, 슬픔이든,
성공이든, 실패이든,
그 무엇이든 다 한때이다.

그렇기에 담담해질 필요가 있다.

담담함을 지니면
모든 걸 순리적으로 생각하게 된다.

 인간사에 영원한 것이란 없다. 꽃이 피고 지듯 다 한때의 삶이게 마련
이다. 그러니 조급히 굴 것도 없고, 조바심을 낼 필요도 없다. 매사를
담담히 의연하게 대하라. 그러면 만족이 뒤따를 것이다.

품격 높은 아름다움

진정한 아름다움의 가치는

가꾸는 인격에 있다.

인격을 가꾸면

누구에게나 존경을 받게 된다.

인격은 곧 품격 높은 아름다움이다.

 진정한 아름다움은 외적인 것이 아닌, 내적인 것에서 드러난다. 인격이라는 드높은 품격에 있는 것이다. 남녀를 불문하고 인격을 갖추려면 높은 덕성을 지녀야만 한다. 인격이란 진정 아름다운 가치를 지닌 인간의 품격이다.

기분 좋게 아침 맞이하기

오늘을 새롭게 하고 싶다면

기분 좋게 아침을 맞이하라.

아침에

기분이 좋으면 하루가 행복하고 즐겁다.

아침을 사랑하는 연인처럼 맞이하라.

 잠자리에서 일어났을 때 마음이 상쾌하면 아침이 즐겁다. 그런 날은
왠지 좋은 일이 있을 것만 같다. 하루를 유쾌하게 시작하라. 그러면 그
날 하루는 당신에게 기분 좋은 날이 될 것이다.

참 값진 인생

세상의 빛으로 살고,

세상의 빛으로 남는다는 것은

참 값진 인생이다.

우리는 저마다 세상의 빛이 되어야 한다.

 호사유피(虎死留皮, 호랑이는 죽어서 가죽을 남긴다)하듯, 인사유명(人死
有名, 사람은 죽어서 이름을 남긴다)해야 한다. 자신의 이름 석 자를 뚜렷
이 남기도록 인생을 잘 사는 것, 그것이야말로 참 값진 인생이다.

품성을 잘 갖추기

씨앗을 싹 틔우고

꽃을 활짝 피우고

열매를 실히 맺으려면

땅이 잘 맞아야 하듯,

재능을 잘 살리려면

품성을 잘 갖춰야 한다.

 좋은 재능을 지녔을지라도 그것을 뒷받침할 품성이 갖춰지지 않으면,
그 재능은 무용지물이 될 수 있다. 재능을 잘 살리고 싶다면 품성부터
갖추어라.

Jun.

자기 행복을
디자인하라

무위와 인위

노자老子의 무위無爲 사상은 인위人爲를 가하지 않는 무위자연無爲自然, 즉 꾸미지 않은 자연 그대로의 삶을 말한다. 무위가 고도화된 현대사회에 어울리지 않는 것처럼 여겨지지만, 오히려 지금 더 필요한 사상이다.

오늘날, 지나친 탐욕 때문에 인위는 그 필요의 정당성을 잃고 단지 인간의 탐욕을 채우는 수단으로 전락했다. 인위는 인간의 삶을 긍정적으로 발전시킬 때 가치를 지닌다.

무위를 따르되, 필요에 따라 탐욕이 배제된 인위를 적용해야 한다. 그래야 나와 너, 우리가 모두 아름답고 행복한 삶을 살 수 있다.

 인생을 잘 살고 싶다면 무슨 일이든 인위를 가해 억지로 하지 말라. 물 흐르듯 무위하라. 무위자연을 따르는 삶이야말로 진정 당신을 자유롭게 할 것이다.

겸허함이 주는 지혜

노자는 말했다.

'까치발을 들고 서 있는 사람은 오래 서 있을 수가 없다. 자기의 실력을 생각지 않고 자랑하고 무례해서는 안 된다. 공이 있다고 자랑하지 말아야 한다. 그 때문에 도리어 빛이 바랜다. 또한 자신의 재능을 너무 믿어서는 안 된다. 마음이 나태하고 노력이 부족해서 실패하기 쉽기 때문이다.'

그렇다. 자신의 공을 드러내려고 우쭐하지 말라. 자기 재능을 너무 과신하지 말라. 겸허한 사람은 가만히 있어도 주변에서 높이 칭찬하고 알리게 마련이다. 겸허함 또한 인생을 슬기롭게 사는 지혜다.

 겸허한 사람은 그 겸허함으로 더욱 높임을 받지만, 교만한 사람은 그 교만함으로 지위와 명성을 하루아침에 잃고 만다. 겸허하면 가만히 있어도 남들이 절로 높여준다.

단 하나뿐인 학교

영국 빅토리아 시대의 계관시인 알프레드 테니슨Alfred Tennyson은 "모든 인생은 하나의 학교이며, 하나의 준비이고, 하나의 목적이다"라고 말했다.

각자의 인생은, 저마다 꿈을 키우고 스스로 짠 프로그램에 맞춰 배우고 익히는 단 하나뿐인 학교다. 원하는 삶을 살려면 철저하게 자신만의 방식대로 배우고 익혀야 한다. 그 과정에서 어려운 일도 겪고 좌절할 때도 있겠지만, 그럴 때마다 인내와 열정으로 버텨라.

좀 더 행복해지고 싶은가? 그렇다면 나만의 인생 학교를 우수한 성적으로 밟아 나아가라.

인생이라는 학교에서 생활을 잘하려면 자신에게 주어진 인생 과제를 잘 풀어야 한다. 지금 가지고 있는 능력을 최대한 발휘하라. 하는 만큼 인생의 점수가 채점된다.

사람 냄새가 나는 사람

매사에 이해타산적인 사람들이 있다. 그런 이들은 아무리 부와 지위를 지녔다고 해도 가까이하기가 꺼려진다. 사람 냄새가 나지 않기 때문이다.

반면, 가난하고 지위가 낮을지라도 사람 냄새가 나는 사람은 친근감이 들어 그와 함께하는 것만으로도 마음이 푸근해진다. 사람 냄새가 난다는 것은 그만큼 순수하다는 뜻일 테니까.

순수성을 잃지 말라. 순수성 상실은 사람다움을 잃어버리는 것과 같아 자신에게도 남에게도 삭막한 삶을 살게 할 뿐이다.

순수성을 잃어버렸다면, 아무리 그 사람이 이룬 업적이 크다 할지라도 그것은 반쪽짜리밖에 안 된다. 순수한 인간미를 품은, 그런 사람 냄새가 날 때 인간은 비로소 인간다워진다.

버림으로써 채우다

오랜만에 집 안 구석구석을 대청소한다. 널브러진 책들을 가지런히 정돈한다. 재활용품과 쓰레기를 분리수거한다. 불필요한 것들을 말끔히 정리하고 나자 몸과 마음이 새털처럼 가벼워진다.

이처럼 묵은 생각, 쓸데없는 생각은 말끔히 비워내야 한다. 비워야 할 때 비우지 못하면 몸도 마음도 무거워져 삶이 망가진다.

비운다는 것은 버리는 게 아니라 버림으로써 새로운 걸 채우는 것이다.

 비움으로 채우는 노자의 도(道)를 생활화하라. 버릴 것은 버려야 새로운 것이 채워지는 까닭이다.

인간관계 정리의 필요성

이기적인 사람, 비도덕적이고 비양심적인 사람, 탐욕으로 가득 찬 사람, 배려할 줄 모르는 사람, 책임감 없는 사람, 약속을 헌신짝처럼 여기는 사람, 신뢰가 가지 않는 사람 등은 깨끗하게 관계를 정리하는 게 좋다.

늘 한결같은 사람, 도덕적이고 양심적인 사람, 배려할 줄 아는 사람, 약속을 잘 지키고 책임감이 강한 사람, 신뢰가 가는 사람 등과는 오래도록 관계를 이어가도록 해야 한다.

알곡 같은 사람은 곁에 두고, 쭉정이 같은 사람은 반드시 정리하라. 이것이야말로 인생을 창의적이고 생산적으로 만드는 비결이다.

 아는 사람은 많을수록 좋다는 말은 잘못됐다. 생각, 감정, 성향 등 함께하기에 잘 맞는 사람이라면 서너 명일지라도 그걸로 족하다. 정리할 사람은 정리하라. 그래야 삶이 편안해진다.

자신의 소리를 갖는다는 것

비 오는 날 세상은
오케스트라 무대가 된다.

빗방울이 닿는 것마다 그것이 무엇이든
저마다의 소리로 연주하면
자연이 내는 처연하도록 장엄한 선율에
듣는 귀들은 아득히 젖어든다.

빗방울이 닿는 것마다
저마다의 소리가 모두 다르듯
자신의 소리를 가져야 한다.

그것은 자기 실존에 대한 확신이다.

 자신만의 소리를 지닌다는 것은 그만큼 자기답게 살 수 있다는 방증
이다. 자신만의 소리, 즉 자기만의 개성을 지녀라.

행함 없이는 그 어떤 결과도 없다

크든 작든 그 어떤 결과라 할지라도 시도함으로써 이룬 것이다. 아무리 기획이 좋고, 아이디어가 창의적이라고 해도 그것만으로는 결과를 낼 수 없다. 결과는 반드시 시도함으로써 이뤄내는 실천적 행위의 결실이기 때문이다.

'듣지 않는 것이 듣는 것만 못하고, 듣는 것이 보는 것만 못하고, 보는 것이 아는 것만 못하고, 아는 것이 행하는 것만 못하다.'

이는 순자荀子의 말로, 행함의 중요성을 잘 알게 한다. 무슨 결과든 반드시 행함을 통해서만 이뤄낼 수 있는 것이다.

 삶의 모든 결과는 생각으로만 이루어지는 게 아니다. 실행이라는 실전이 뒤따라야 한다. 무조건 실행하라. 실행만이 원하는 결과를 가져다줄 것이다.

실수가 주는 의미

산다는 것은,
살아간다는 것은
실수의 연속이기도 하다.

그러니
실수를 두려워하지 말라.

실수하는 가운데
삶은
더욱 성숙해지고
탄탄해질 것이다.

 지금 하는 일 앞에서 실수할까 두려워하지 말라. 이 세상에 실수 없이
이룬 성과란 없다. 찬란하게 빛나는 업적도 수많은 실수 끝에 이룬 것
이다.

가장 아름다운 언어

사랑의 말을 나눌 땐
가장 아름다운 언어를 사용하라.

당신이 사랑하는 사람이
가장 행복한 미소를 지을 수 있도록,
최대한 멋진 언어로 말하라.

사랑의 언어는
세상의 모든 언어 중
가장 아름다운 언어이다.

 사랑하는 사람과 함께할 땐 가장 아름다운 말로 하라. 서로가 서로에게 칭찬과 격려로 힘을 돋워주라. 그것이 서로가 잘되는 비결이다. 사랑의 언어 속엔 불가능을 가능케 하는 긍정의 에너지가 있기 때문이다.

사랑에 대한 예의

거만한 사람보다
예의 바른 사람에게 호감을 갖는 것처럼
사랑도 예의를 갖추어야 한다.

예의 없는 사랑은
경망스럽고 가벼워 보인다.

당신이 누군가를 사랑하고
사랑받고 싶다면 예의를 다해야 한다.

사랑은 예의이다.

 사랑하는 사이에도 예의가 필요하다. 사랑할수록 더 예의 있게 대하라. 사랑도 예의가 함께할 때 오래간다.

똑똑한 사람

똑똑한 사람은
자신보다 나은 사람을 올려다보지 않는다.

자신에게 스트레스가 된다는 것을
너무도 잘 알기 때문이다.

그래서 지혜로운 사람은
자신보다 못한 사람을 내려다보며
자신의 현실에 맞게
자신을 조절하며 만족할 줄 안다.

행복하게 살고 싶다면
똑똑한 사람이 되어 똑똑하게 살라.

 똑똑한 사람은 자기 처지를 잘 안다. 그래서 자기 능력에서 벗어나는
일은 삼간다. 그렇지 않으면 자신에게 힘든 일이 생긴다는 걸 잘 알기
때문이다. 자기 분수를 지키는 똑똑한 사람이 되라.

눈目

맑고 고운 것을 보면
맑고 고운 마음이 되지만,
더럽고 추잡한 것을 보면
더럽고 추잡한 마음이 된다.

눈으로 무엇을 보느냐에 따라
우리의 마음도 그대로 따라간다.

마음이 추해지지 않으려면
맑고 곱고 아름다운 것을 바라보라.

맑은 마음이 곧 하늘의 마음인 것이다.

 눈은 마음의 거울이다. 좋은 것을 보면 선한 마음이 들고, 나쁜 것을
보면 사악한 마음이 든다. 되도록 좋은 것, 아름다운 것만 바라보라.

생각의 주인

모든 것은 생각의 차이에서 결정된다. 할 수 있다고 생각하면 할 수 있고, 할 수 없다고 생각하면 할 수 없다. 역사는 그것을 우리에게 똑똑히 보여주었다.

행복도, 불행도 결국은 백지 한 장의 생각 차이에서 오는 것일 뿐이다.

당신 또한 원하는 인생을 살고 싶을 것이다. 그렇다면 당신 생각의 주인이 되어야 한다.

 주체성이 강한 사람은 자기 생각이 뚜렷하다. 그러나 주체성이 약한 사람은 매사가 흐지부지하다. 원하는 인생을 살고 싶다면 생각의 주인이 되어야 한다.

한 그릇의 밥

한 그릇의

밥은

종교보다 거룩하고

생리적 본능보다 우월하다.

 한 그릇의 밥이 되기 위해서는 수많은 공을 들여야 한다. 모내기하고,
잡초를 뽑아주고, 애지중지 정성을 들여야 한다. 한 그릇의 밥에 감사
하라. 한 그릇의 밥은 우주보다 크고, 종교보다 거룩하다.

감사하며 산다는 것

감사하며 산다는 것은
자기 인생에 대한 예의이다.

감사하며 산다는 것은
그만큼 인생을 잘 산다는 방증이기 때문이다.

자신의 인생에
늘 감사하며 사는 당신이 되라.

 감사하는 삶은 누굴 위한 것이 아닌 자신을 위한 것이다. 감사하는 마음속엔 사랑의 에너지와 긍정의 에너지가 넘친다. 그런 까닭에 감사를 잘하는 사람이 인생을 행복하게 사는 것이다.

빛나는 인생

아픔을 두려워하지 말라.

아픔을 아픔으로만 받아들이면
아픔이 되지만,

아픔을 행복을 여는
행복의 전주곡으로 여기면
아픔은 행복의 씨앗이 된다.

빛나는 인생은 아픔을 딛고 일어섰기에
더욱 빛을 발하는 것이다.

 인생의 아픔은 누구에게나 찾아온다. 아픔도 인생이기 때문이다.
아픔을 두려워하지 말라. 아픔을 이겨내면 곧 행복이 미소하며 찾아
온다.

그래서 더욱 진실한 말

잡지 〈석세스Success〉의 창간인이자 성공 운동의 창시자인 오리슨 스웨트 마든Orison Swett Marden은 "자신이 하고 싶은 일을 하라"고 했다. 너무도 빤한 말이지만, 그래서 더욱 진실하게 다가온다.

세상이 개벽한다고 해도 한 가지 분명한 사실이 있다. 자신이 좋아서 하는 일은 그게 무엇이든 자신을 만족하고 행복하게 한다는 것이다. 하고 싶은 일은 누구의 눈치도 보지 말고 계산도 하지 말고 그냥 하라. 미련을 두고 주저하면 후회를 남긴다. 그러니 그냥 하라.

 대다수가 자신이 좋아하는 일이 아닌, 다른 일을 한다. 돈 때문이다. 그러나 어떤 이는 돈에 구애됨 없이 자신이 하고 싶은 일을 한다. 자신이 하고 싶은 일은 그 자체가 행복이기 때문이다.

마인드 트레이닝

자신을 살피는 일에 힘쓰는 자는
자신을 다이아몬드가 되게 하지만,

그렇지 않은 자는
아무것도 아닌 것으로 살아가게 된다.

자신을 살피는 일은
내면의 근육을 강화하는 창의적이고
생산적인 마인드 트레이닝이다.

내면의 근육을 탄탄히 쌓는
유쾌하고 긍정적인 당신이 되라.

 육체 근육을 키우려고 운동하는 사람은 많지만, 마음 근육을 키우려고 노력하는 사람은 적다. 마음 근육을 강화해야 한다. 마음 근육의 강화는 하는 일을 성공적으로 해내는 데 큰 도움이 되기 때문이다.

묵언의 스승

아무리 품격 높은 성자라 해도
풀 한 포기, 꽃 한 송이,
나무 한 그루에 비할 바가 못 된다.

이들 자연은 말 한마디 없이
사람들을 설법으로 이끈다.

자연은
가장 품격 높은 묵언黙言의 스승이다.

 자연은 순리를 거스르는 법이 없다. 언제나 천리에 따라 준행한다. 그런 까닭에 잘못되는 일이 없다. 자연은 말없이 가르침을 준다. 자연에게 배워라. 자연은 묵언의 스승이다.

품격

돈 자체가

그 사람의 품격을

높여주는 것은 아니다.

품격은

인격으로 높이는 것이다.

 돈이 품격을 높여준다고 말하는 이들이 있다. 그러나 이는 잘못된 생각이다. 돈은 일부분이지만 인격은 전부이다. 인격이야말로 품격을 높이는 최선의 가치다.

June. 22

넘침의 유혹에서 자유로워진다는 것은

넘침의 유혹에서
자유로워지려면
자기 자신을 이겨내야 한다.

자기 자신을 이겨내는 사람은
절대로 과한 행동을 하거나
분수에 어긋나는 짓을 하지 않는다.

203

 모든 것이 넘치는 시대에 우리는 살고 있다. 그러다 보니 넘침의 유혹을 이기지 못하고 잘못된 인생길로 빠지는 이들이 있다. 넘침의 유혹을 이겨내야 한다. 그렇지 않으면 자신도 모르게 망가질 것이다.

책과 마음의 근육

책은
'마음의 근육'을 키우는 가장 좋은 수단이다.

마음의 근육이란
운동으로 육체의 근육을 키우는 것처럼
책을 통해 지혜를 기르고,
지식을 쌓는 일을 말한다.

지혜와 지식은 마음을 풍요롭게 하고
여유롭게 하며 깊이 있는 통찰력을 갖게 한다.

이것이 곧 '마음의 근육'을 키워야 하는 이유다.

 책 속에 길이 있다. 책으로 지식을 쌓고 지혜와 통찰력을 길러 마음의 근육을 탄탄히 하라. 마음 근육이 탄탄하면 뿌리 깊은 나무처럼 그 어떤 풍파에도 흔들리지 않는다.

인생의 바이블

경험을 통해 얻은 배움은

생생하게 살아 있는

'인생의 바이블'이라고 할 수 있다.

경험은 훌륭한 교사다. 모르는 것도 경험을 통해 생생하게 느끼고 배우면 평생을 간다. 직접 경험은 더욱 좋지만, 간접 경험 또한 많이 할수록 좋다. 경험하라. 더 많이 경험하는 자가 더 좋은 인생을 산다.

기도의 힘

기도는
불안한 마음을 잠재우게 하고
마음의 여유를 찾아주는 비법이다.

기도는
종교인들만의 전유물이 아니다.

기도는
누구나 할 수 있고,
기도함으로써
불안한 마음을 치유할 수 있다.

 기도는 자기 내면과의 소통이다. 진실한 마음으로 기도하라. 종교적
관점에서는 창조주께서 소망을 들어줄 것이다. 또한 비종교인 관점
에서는 마음을 단단히 하며 자신이 바라는 것을 행하는 데 큰 힘이 될
것이다.

삶의 마시멜로

인연은

'삶의 마시멜로'이다.

 인연은 참 소중한 인간관계의 맺음이다. 인연은 '인생의 보석'과도 같다. 그런 까닭에 인연을 소중히 해야 한다. 단 한 가지 명심할 것은 좋은 인연을 맺고 싶다면, 자신이 먼저 좋은 사람이 되어야 한다. 진정성 있는 사람은 누구나 인연 맺기를 바란다.

인생과 사랑하는 시간

인생은 정말이지 턱없이 짧다. 통계에 의하면 유감스
럽게도 인생의 삼 분의 일은 잠자고, 삼분의 일은 일하
고, 나머지 삼분의 일로 사랑하면서 취미생활, 운동 등
잡다한 일까지 한다고 한다.

그렇게 볼 때 사랑하는 시간이 너무 적지 싶다. 그런데
이 와중에 싸우고, 미워하고, 울고, 짜증까지 부린다
고? 사랑하는 시간은 더더욱 짧아질 것이다.

 인생은 확실히 짧다. 이 소중한 인생을 함부로 산다는 것은 삶에 대한
모독이 아닐 수 없다. 사랑하기에도 짧은 게 인생이다. 더 많이 사랑
하고, 더욱 행복하게 살라.

기분 좋게 말하기

말 한마디에
삶이 일어났다, 주저앉는다.

그런 까닭에
기분 좋은 말을
한다는 것은 아주 중요하다.

좋은 말 속엔
사람을 기분 좋게 하는
에너지가 숨 쉬고 있다.

 '아' 다르고 '어' 다른 법이다. 같은 말도 어떻게 하느냐에 따라 상대의 마음이 달라진다. 그러니 되도록 기분 좋은 말을 하라. 그러면 상대방 역시 기분 좋은 말로 당신을 행복하게 해줄 것이다.

자신만의 별

별 하나 없는 밤하늘을 본다. 마치 어둠 속에 갇힌 듯 숨이 막힌다. 별을 볼 수 없는 밤하늘은 더 이상이 밤 하늘이 아니다. 그것은 암흑천지일 뿐이다.

마찬가지로 꿈과 사랑, 희망이라는 별을 품지 않은 가 슴은 비감하고 쓸쓸하다. 자신만의 별을 품고 살라. 별 을 품고 사는 사람은 보석보다 아름답다.

'꿈'은 '자신의 별'이다. 자신의 별이 자신이라는 인생의 하늘에서 반짝 반짝 빛날 수 있도록 해야 한다. 매 순간 당신의 하늘에서 찬란히 반짝 이는 당신의 별을 상상하라. 그렇게 당신만의 별을 품고 열심히 살라.

June. 30

자기 행복을 디자인하라

지금 불행을 느낀다면 누군가에게 행복을 받으려고만
하기 때문이다. 진실로 행복해지고 싶다면 누군가에
게 행복을 구하지 말라. 자신에게 맞는 행복을 스스로
디자인하고 만들어가는 데 열중하라.

누군가가 행복을 줄 땐 행복하다가도 그 손길을 거둬
들이면 금세 불행을 느낀다. 하지만 자신이 디자인하
고 만들어가는 행복은 자신의 열정이 멈추지 않는 한
오래도록 이어진다.

사람은 누구나 자기 행복의 디자이너이다. 오래가는
행복을 누리고 싶다면 멋지고 센스 있게 행복을 디자
인하라.

사람마다 행복의 기준과 가치가 다르다. 맵시 있는 옷을 위해 몸에 맞
는 디자인을 하듯, 자신만의 행복을 위해 자신에게 걸맞은 행복을 디
자인하라. 그러면 머지않아 바라는 행복이 구현될 것이다.

Jul.

마음의 무게를
가볍게 하라

첫걸음이 중요하다

노자는 말했다.
'천 리 길도 한 걸음부터 시작된다.'

그렇다.

천 리나 되는 길도
첫걸음을 떼어놓음으로써 시작하는 것이다.

만약 첫걸음을 떼어놓지도 못하고 포기한다면
그 길은 영원히 갈 수 없다.

 무엇이든 처음이 중요하다. 첫 마음, 첫걸음, 첫 만남 등 처음이 내포된 말에는 '신선'과 '기대'가 담겨 있다. 처음을 잘 시작해야 한다. 처음 시작이 좋으면 끝도 좋기 때문이다.

넓고 크고 깊게 보라

일이관지一以貫之,
'하나로써 그것을 꿰뚫는다'라는 말처럼
하나의 이치로써 모든 것을 일관해야 한다.

그러기 위해서는 헛된 것에
마음 두지 말고 진실을 볼 수 있어야 한다.

즉, 전체를 보기 위해서는
넓고 크고 깊게 보라.

 하나를 보면 열을 안다는 말처럼 하나를 통해 전체를 볼 수 있어야 한다. 그래야 더 분명하게 그 일을 해나갈 수 있다. 전체를 보기 위해서는 사물을 볼 때 넓고 크고 깊게 보라. 혜안은 그렇게 길러진다.

자기 인생의 모든 책임은 자신에게 있다

사람은 누구나
자기 인생을 살 권리가 있다.

그런데 그 권리를 지키며
살기 위해서는
스스로 헤쳐 나가지 않으면 안 된다.

자기 인생의 모든 책임은 자신에게 있다.

 자신이 잘되면 자신의 노력 덕이라 하고, 자신이 안되면 남의 탓을 하는 사람들이 있다. 이는 참으로 속 좁은 생각이 아닐 수 없다. 자신의 인생은 자신이 책임져야 한다.

의리를 소중히 하기

의리는 인간관계를
끈끈하게 맺어주는 소통의 수단이다.

의리는 생명과 같다.

그래서 의리가 있는 사람은
어디에서든 누구에게나 환영받는다.

의리를 소중히 여기고,
의리를 지키는 사람이 되어야 한다.

 의리합일(義理合一)이라는 말이 있다. 의리로 하나가 된다는 뜻이다.
의리를 지키면 목숨까지도 함께할 수 있다. 의리는 사람이 반드시 갖
춰야 할 품성이다. 의리를 소중히 하라.

도전 아닌 것은 없다

세상살이에서 크든 작든 도전 아닌 것은 없다. 모두가 도전이고, 모든 결과물은 도전에서 왔다. 도전하지 않으면 그 어떤 것도 얻을 수 없다.

물론 도전하는 데는 많은 용기와 결단이 필요하다. 특히 새로운 분야에 도전할 땐 두려움이 밤안개처럼 엄습한다. 이 두려움의 안개를 걷어내지 못한다면 도전의 달콤함을 즐길 수 없다. 그런 까닭에 새로운 도전을 위해서는 담대해야 한다. 그 담대함이 곧 도전을 성공으로 이끌어줄 것이다.

 인간의 삶은 도전이 아닌 것이 없다. 태초로부터 인간의 삶은 도전의 연속이었다. 도전을 두려워해서는 안 된다. 그 어떤 일이든 이루고 싶다면 몸과 마음을 모아 도전하라.

성취감이 주는 기쁨

산악인들이 위험을 무릅쓰고 에베레스트산에 오르는
까닭은 성취감이 주는 기쁨 때문이다. 정상에 올랐을
때의 기분을 느껴보지 못한 사람들은 그 황홀한 성취
감을 알 수 없다고 한다. 죽을 고비를 수없이 넘기고도
또다시 등반하는 것은 바로 이 때문이다.

무슨 일이든 지금 하고 있는 일에 최선을 다하라. 성
취감이 주는 기쁨과 더불어 원하는 결과가 따라올 것
이다.

 성취감이 주는 기쁨은 형용할 수 없을 만큼 크다. 그 일이 간절히 바
란 거라면 더욱 그렇다. 지금 하는 일에 성취감을 느껴보라. 그러면
하는 일마다 더욱 열정을 갖게 될 것이다.

효과적인 독려의 메시지

자신이 자신을 격려하면

무한한 에너지가 발생한다.

자신을 스스로 믿는 마음은

그 어떤 것보다도

효과적인 독려의 메시지다.

 자신을 사랑하는 사람은 자신의 일을 더 잘해나간다. 왜 그럴까. 자신을 사랑하는 만큼 스스로 자신을 격려하고 용기를 얻기 때문이다. 잘되고 싶다면 소망을 담아 자신을 격려하라.

자신이 하는 일에 자부심을 가져라

자신이 선택해서 하는 일에 자부심을 갖지 못하면 그 어떤 일을 한들 별로 달라질 게 없다. 왜냐하면 마인드 자체에 문제가 있기 때문이다.

반면, 자신을 사랑하고 자신의 일에 대해 열정을 가진 사람은 남이 보기에 보잘것없는 일에도 자부심을 갖고 일한다. 그리고 그 일에 최선을 다함으로써 좋은 결과를 이끌어낸다.

 자신이 하는 일에 자부심을 갖지 않는 것은 자신의 소중한 인생을 낭비하는 거와 같다. 자신이 하는 일에 자부심을 가져야 한다. 자기 일을 잘하는 사람치고 자부심을 갖지 않은 이는 없다. 자부심은 긍정의 에너지를 뿜어내는 '마음충전소'다.

상대의 관심을 끄는 최상의 방법

만나는 사람마다
최선으로 대하라.

상대는
자신이 존중받는다고 여겨
그 역시
존중심을 갖고 대할 것이다.

존중심은 상대의 관심을
끌어내는 최상의 방법이다.

 최선으로 대하면, 최선으로 대우받는다. 그게 인지상정이다. 남에게
대접받고 싶다면 먼저 정성을 담아 최선으로 대접하라.

자신에게 엄중하라

자신에게 엄중한 사람은
자기 잘못을
그냥 넘기는 법이 없다.

반드시
잘못을 반성하고 돌이켜
그 실수를
두 번 다시는 하지 않으려고 한다.

 군자(君子)는 자신에게 엄중하다. 그래서 잘못됨이 없다. 그러나 소인
은 자신에게 관대하다. 그러다 보니 매사에 잘못을 저지른다. 자신에
게 엄중하라. 자신을 엄중히 제어하면 잘못될 일이 없다.

꿈꾸고 시도하라

꿈에는 시간적 제한이 없다.

목숨이 다할 때까지 꾸는 것이 꿈이다.

꿈은 그 자체만으로도 행복을 준다.

꿈꿔라,
자신이 할 수 있는 것에 대하여.

그리고 시도하라.

꿈은 시도함으로써 결실을 보게 된다.

누구나 자신만의 꿈이 있다. 문제는 실행력이다. 꿈을 이루는 사람은 꿈을 향해 끊임없이 실행하지만, 꿈을 이루지 못하는 사람은 꿈만 꾸다 만다. 꿈을 이루고 싶다면 반드시 실행하라.

인생의 연금술

인생은 고난과 즐거움 속에서
더욱 알차게 영글어간다.

고난은 인생을 단단하게
연마시키는 '인생의 연금술'이다.

즐거움은 인생의 기쁨을
누리게 하는 인생의 축복이다.

고난과 즐거움이 함께할 때
인생의 깊이는 그만큼 더 깊어진다.

 인생의 고난을 모르는 사람은 힘든 일을 만나면 쉬 쓰러진다. 그러나
고난을 겪고 이겨낸 사람은 힘든 일을 만나도 쓰러지지 않는다. 고난
이라는 '인생의 연금술'로 인생을 연마하라.

스스로 평가하기

'이만하면 나로서는 최선이지!'라고 한다거나 '이건
아냐. 내가 이 수준밖에 안 되다니, 조금 더 노력해야
해!' 하는 식으로 자신의 가치 평가는 자기 스스로 해
야 한다.

그래야 자신의 좋은 점은 더 좋게 하고, 부족한 점은 고
쳐서 바로잡을 수 있다.

 자기 스스로 냉정하게 평가해보라, 과연 내가 잘하고 있는지를. 잘하
고 있다면 문제가 없지만, 잘못하고 있다면 반드시 고쳐야 한다. 그래
야 자신이 하는 일에 좋은 결과를 얻을 수 있다.

참된 행복

인간의 참된 행복은 특정인에게서, 그리고 특정한 곳에서 찾는 것이 아니다. 그것은 어느 곳에서든 찾을 수 있다. 행복해지고자 성실한 자세를 갖는다면 어디에서든 가능하다.

아쉽게도 사람들은 남과 다른 것에서 찾는 행복을 더 가치 있게 여긴다. 또한 특정한 물건을 소유하거나 남보다 자신이 더 낫다고 여길 때 행복하다고 생각한다. 이는 매우 잘못된 생각이다. 행복의 기준이나 행복의 지수는 딱히 정해져 있지 않다.

모든 사람이 다 공감할 수 있는 것, 이것이야말로 참된 행복이다.

 참된 행복은 특정한 물건이나 특정한 지위에 있지 않다. 그래서 그것들을 탐하다가는 오히려 불행해질 수 있다. 참된 행복은 작고 소소할지라도 누구나 공감할 수 있는 것에 있다.

인의예지

온전한 삶을 살아가려면
살아 있는 공부를 해야 한다.

인의예지仁義禮智를 기르면
어떤 상황에서도 삶을 허투루 살지 않는다.

자신이 먹는 것,
입는 것은 물론 행복한 삶을
추구할 수 있도록 불철주야 노력하라.

이것이 바로 살아 있는 진짜 공부다.

인의예지, 즉 '어질고, 의롭고, 예의 있고, 지혜로운' 것은 인간이 지녀
야 할 기본적 자세다. 이를 갖출 수 있다면, 인간으로서 온전한 삶을
살아가는 데 큰 도움이 된다. 이것이 인의예지를 길러야 하는 이유다.

더 많이 고마워하고, 더욱 행복하게 살라

고마워할 일이 많은 이가
진정 행복한 사람이다.

고마워할 일과
행복은 정비례하기 때문이다.

더 많이 고마워하고,
더욱 행복하게 살라.

 고마워할 대상이 많다는 것은 감사한 일이다. 이는 자신이 많은 사람
들로부터 사랑받는다는 방증이기 때문이다. 더욱 행복해지고 싶다
면, 더 많이 고마워하고 감사하라.

그 사람의 그릇

사람 그릇의 크기는 학력에 있는 것도 아니고, 지위에 있는 것도 아니고, 권력에 있는 것도 아니고, 부에 있는 것도 아니고, 명예에 있는 것도 아니다. 그 사람의 마음 씀씀이에 있다.

그렇다면 문제는 간단하다. 그릇이 큰 사람이 되고 싶다면 남에게 베푸는 일에 힘써라. 그러면 넉넉한 사람으로 인정받게 됨으로써 자신에게 만족할뿐더러 행복한 사람으로 살아갈 수 있다.

 누구나 자기만의 그릇 크기를 가지고 있다. 그릇의 크기는 그 사람의 마음가짐에 달려 있다. 그릇이 큰 사람이 되고 싶다면 일단 베풀라. 마음이 넉넉한 사람이 그릇이 큰 사람이다.

바람직한 논쟁의 자세

논쟁하다 보면
이길 수도 있고 질 수도 있다.

그런데 꼭 이기려고 하니까
문제가 생기는 것이다.

상대방의 생각이 옳으면
인정할 줄도 알아야 한다.

상대방을 인정하는 것은
논쟁에서 이기는 것만큼
의미가 있고 아름다운 일이다.

 사회생활을 하다 보면 어떤 문제에 대해 논쟁을 벌일 때가 있다. 이때 꼭 이기려고 자신의 주장만 앞세우면 문제가 야기된다. 참다운 논쟁은 서로를 존중하고 인정하는 데서 비롯된다. 이는 논쟁에서 이기는 것만큼 의미 있는 일임을 잊지 말라.

행복을 느끼면 나타나는 현상

행복을 느끼게 되면 첫째로는 마음이 밝고 경쾌해진다. 마치 공중 부양한 것처럼 가뿐해진다. 둘째로는 미소가 많아진다. 아무것도 아닌 일에도 잘 웃게 된다. 셋째로는 마음이 관대해진다. 그래서 웬만한 일엔 화를 내거나 불쾌해하지 않는다.

왜 그럴까. 행복하면 기분이 좋아지고, 마음이 너그러워지기 때문이다.

행복한 사람은 상대방이 잘못을 해도 좀처럼 화를 내지 않는다. 행복하면 기분이 좋아지고, 마음이 너그러워지기 때문이다. 행복해지려고 노력하라. 행복도 노력할 때 온다.

비움의 참의미

비움이란 물욕에서 벗어나는 것, 명예욕을 내려놓는
것, 이기적인 경쟁심에서 벗어나는 것 등의 행위를 말
한다. 한마디로 모든 탐욕을 멀리하고 비움으로써 충
만한 행복에 이르는 것이다.

진정으로 충만함을 느끼고 싶다면 비우라. 모든 탐욕
에서 자유로워지는 비움의 행복한 체험을 해보라.

233

 물욕, 명예욕, 자리욕, 권세욕에서 벗어나려면 자신을 비울 수 있어야
한다. 그래야 자유로워진다. 비움은 또 다른 채움이다. 그 채움은 자
신을 자유롭게 하는 '무(無)의 채움'이다.

입체적인 사고력

입체적인 사고란 무엇을 말하는가. 어떤 문제에 대해 생각할 때 한쪽으로만 생각하는 것이 아니라 다양하게 생각하는 것을 말한다.

입체적인 사고를 기르기 위해 다양한 지식을 축적하고 다각적인 관점에서 상상하며 시도하라. 그렇게 해 나아가다 보면 전체를 바라보고 통찰하는 혜안이 길러질 것이다. 입체적인 마인드를 갖추게 됨은 물론이다.

평면적 사고로는 복잡다단한 현대의 삶을 따라갈 수 없다. 항상 다각적으로 통찰할 사고력을 가져야 한다. 이를 위해 다양한 지식을 축적하고, 다양한 관점에서 상상하고 생각하라. 이 입체적 사고력은 21세기의 필수 사고력이다.

마음의 무게를 가볍게 하라

쓸데없이 걱정하는 것, 지나친 욕망에 사로잡히는 것, 극단적인 이기심에 빠지는 것, 남을 이기기 위해 무모하게 행동하는 것, 자기중심에 빠져 상대를 무시하는 것 등은 마음의 무게를 무겁게 한다. 이런 마음에 사로잡히면 판단력이 무뎌질뿐더러 사소한 일에도 흔들린다.

마음의 무게를 가볍게 하기 위해서는 불필요한 걱정으로부터 자유로워지고, 욕망을 반 뼘은 내려놓아야 한다. 또 상대를 배려하고 이기려고만 하는 마음의 족쇄에서 벗어나야 한다. 이런 마음을 갖게 되면 마음이 한없이 맑아지고 가벼워진다.

 마음이 복잡하고 무거우면 할 일을 제대로 하지 못한다. 불필요한 생각의 늪에 빠져 허우적거리게 되기 때문이다. 그런 까닭에 마음의 무게를 가볍게 해야 한다. 모든 불필요한 잡념에서 벗어나라.

235

인생도, 일도 자동차와 같다

인생도, 일도 자동차와 같다.

막히면 멈췄다 가고,
문제가 있으면 정비한 다음
가면 된다.

이를 잊을 때
사달이 난다는 것을 잊지 말라.

 살다 보면 막힐 때가 있다. 일이 잘되다가 여러 이유로 어려움이 닥칠 때 꽉 막힌 것 같은 암담함에 빠진다. 이럴 땐 잠시 멈추고 자동차 정비를 하듯, 지금까지 해왔던 것을 되돌아보고 점검하라. 그러면 막힌 이유를 찾아낼 수 있을 것이다.

성장을 방해하는 것은 모두 버려라

만일
변화에 대한 두려움이 있다면
그 두려움을 버려라.

게으르다면
게으름의 습관을 버리고,
미룬다면
미룸의 습관을 버려라.

자신의 성장을 방해하는 것은
그것이 무엇이든 다 버려라.

새롭게 성장하고 싶다면 변화를 두려워하지 말라. 성장을 방해하는
나쁜 습관은 모두 다 버려라. 그리고 새로운 각오와 의지, 새로운 생
각을 채워라.

항상 이렇게 하라

항상 기분 좋은 생각을 하고,

항상 기분 좋은 말을 하고,

항상 남에게 도움을 주고,

항상 남을 배려하라.

기쁨이 가슴 저 아래에서

샘물처럼 펑펑 솟아날 것이다.

 항상 기분 좋은 생각, 기분 좋은 말, 기분 좋은 선행을 하려고 노력하라. 이러한 행동들이 긍정의 에너지를 가득 채우며 역동적인 삶, 행복한 삶으로 이끌 것이다.

마음이 풍요로운 사람

마음이 풍요로운 사람은 사랑이 많고, 배려심이 많고, 거짓이 없고, 시기하지 않고, 너그럽다. 자신을 사랑하듯 남을 사랑하고, 자신을 돕듯 남을 즐겨 돕는다.

마음이 풍요로운 사람은 남의 이목에 따라 행동하지 않으며, 자신을 행복하게 하는 일에 익숙하다.

 마음이 풍요로운 사람은 관대하다. 그래서 시기하지 않으며 베푸는 일을 즐겨 한다. 그는 자신을 행복하게 하는 일에 열정을 바친다. 그렇기에 삶에 여유가 넘친다. 당신 또한 마음이 풍요로운 사람이 되라.

노력이란 샘물과 같다

샘물은 한 사람이 먹든, 두 사람이 먹든, 열 사람이 먹
든 언제나 일정한 양을 유지한다. 이는 계속해서 물이
솟아나기 때문인데 노력의 원리도 이와 같다.

노력은 하면 할수록 더 좋은 성과를 내고, 자기 능력을
배가한다. 노력이란 샘물과 같다.

 노력은 샘물의 원리와 같다. 노력하면 할수록 더 좋은 성과가 샘솟는
것이다. 어제와 다른 오늘을, 내일을 살고 싶다면 노력하고 또 노력
하라.

과욕은 언제나 화를 부른다

무슨 일에서든
절대 지나침을 삼가야 한다.

아무리 몸에 좋은 보약도
아무리 아름다운 보석도
과하게 탐하면 독이 된다.

자신에게나 타인에게나
과욕을 금하라.

과욕은 언제나 화를 부른다.

 욕심은 원초적 본능이다. 그 본능을 제어하지 못하면 탐욕스러운 짐
승이 된다. 아무리 좋은 것도 과욕을 넘어 탐욕으로 치달으면 사달이
난다. 과욕을 금하라.

가끔은 자신을 점검하라

가끔 자문하라.
'지금 나는 정당한 노력을 하고 있는가?'
자신이 자신을 검열할 필요가 있다. 자신이 잘못된 길
을 가고 있다면 즉시 그 길에서 빠져나와야 한다.
머뭇거리다간 인생의 깊은 수렁에서 헤어나지 못하
고, 영영 어둠의 자식이 되어 슬피 우는 고통을 얻게 될
것이다.

 주기적으로 자신을 점검하라. 지금 잘하고 있는 걸까, 가지 말아야 할
길을 가는 것은 아닐까, 늘 살펴 잘한 것을 더 잘하게 하고 잘못한 것
은 고쳐서 바로잡아라. 자기 점검은 자신을 잘되게 하는 숙성의 시간
이다.

향기로운 사람

누군가에게 기쁨을 주고,

행복을 줌으로써

누군가가 나를 만난 것에 대해

고마워하는 사람이 되어야 한다.

그것은 곧 자신을

향기로운 사람이 되게 하는 일이다.

 누구나 자기만의 향기가 있다. 그런데 어떤 사람의 향기는 좋은데 어떤 사람은 향기는 좋지 않다. 좋은 향기를 풍기는 사람이 되라. 그 향기로 사람들에게 선한 영향력을 끼쳐라.

품격 있는 삶의 문화

'빨리빨리' 문화는
사람들을 불편하게 하고
짜증 나게 하는 등
갖가지 병폐를 불러온다.

그런 까닭에 여유롭고
품격 있는 삶의 문화로 바꿔야 한다.

품격 있는 삶의 문화는
우리의 삶을
넉넉하고 유유하고 행복하게 한다.

 문화는 삶을 역동적이면서 여유롭게 한다. 문화생활이 중요한 이유는
바로 이 때문이다. 저속함을 경계하고 품격 있는 문화생활을 하라. 이
는 삶을 여유롭고 활기차게 하는 최선의 길이다.

Aug.

자신을 믿고
자신에게 의지하라

August. 01

나이를 먹는다는 것은

나이를 먹는다는 것은

자신의 인생을 성숙하게 하는 일이다.

나잇값에 맞는

품격 있는 인생이 되어야겠다.

나이를 먹는다는 것은 시간의 법칙에 따르는 일이지만, 나이 듦의 본질은 '자신의 인생을 성숙하게 하는 일'이다. 나이 들어 품격 있는 사람을 보면 삶을 참 잘 살고 있다는 생각이 든다. 하지만 그렇지 않은 사람을 보면 비감해 보인다. 나이 듦의 본질에 자신을 충실히 하라.

무가치한 일

무가치한 일에

시간을 낭비하지 말라.

시간을 잘 쓰는 만큼

자신이 원하는 인생을 살 수 있다.

시간을 금과 같이 여겨 소중히 하라.

 불필요한 일에 시간을 낭비하지 말아야 한다. 그것은 자신의 삶을 갉아먹는 좀과 같다. 그렇기에 시간을 잘 써야 한다. 시간을 잘 쓴다는 것은 원하는 인생으로 가는 지름길이다.

배우고 익혀 나를 남기는 자가 되라

배움에는 시기가 없다.

할 수 있는 한 배우고 익혀라.

배우는 게 남는 것이다.

 배움의 묘미는 모르는 것을 알아가는 데 있다. 무지의 어둠을 뚫고 눈
을 밝게 하여 세상의 이치를 터득하라. 배움은 참으로 소중한 것이다.
배울 수 있는 한 배워라.

상황에 대처하는 능력

상황에 맞게

대처한다면 자신의 몫을

자기 의지대로 취할 수 있다.

그 어떤 상황에도

대처할 줄 아는 능력을 길러라.

 적절하게 대처하는 능력을 기른다면, 무슨 일이든 너끈히 해낼 수 있다. 경험을 쌓고 지혜를 깨워라. 이를 바탕으로 상황에 맞게 대처하는 능력을 길러라.

고통 없는 영광은 없다

영광이 가슴 벅찬 까닭은
고통 끝에 이뤄냈기 때문이다.

고통 없는 영광은 어디에도 없다.

영광을 누리고 싶다면
그 어떤 고통도 인내하고 극복하라.

 영광은 아름답다. 고통 속에서 피어난 꽃이기 때문이다. 고통을 거름
으로 삼고 정진하라. 고통을 인내하고 극복하면 영광이 인생에 활짝
만개할 것이다, 반드시.

향기로운 사람꽃

친절한 사람은

향기로운 사람꽃이다.

그래서 그 주변에는

늘 맑고 상쾌한

사람 향기가 은은히 퍼져 오른다.

 친절한 사람을 보면 기분이 좋다. 친절한 사람에게는 기분을 좋게 하는 따스한 에너지가 있다. 그래서 그와 함께하면 곁에 있는 것만으로도 힐링이 된다. 친절한 사람은 향기로운 사람꽃이다.

플러스 인생

하루를 헛되이 살면
그만큼 마이너스 인생이요,

하루를 의미 있게 살면
그만큼 플러스 인생이다.

마이너스 인생을 사느냐,
플러스 인생을 사느냐는
오직 자신에게 달려 있다.

플러스 인생을 사는 당신이 되라.

 한 번뿐인 소중한 인생을 헛되이 한다는 것은 자신에게 대단히 미안
한 일이다. 자기 인생에 부끄럽지 않은 삶을 사는 것처럼 가치 있고
행복한 일은 없다.

봄이 봄다워지듯 사람이 사람다워질 때

꽃이 산과 들에
가득 피어날 때
봄은 비로소 봄다워진다.

봄은 꽃과 함께 오는
계절은 여왕이다.

사람도 마찬가지다.

몸과 마음을 반듯이 하고
익히고 채움으로써
속이 꽉 찰 때
사람은 비로소 사람다워진다.

 계절도 그 계절에 맞는 형상을 갖출 때 비로소 계절다워진다. 사람 또
한 사람답게 살 때 비로소 사람다워진다. 사람이 사람인 까닭은 생각
하고 그것을 생각한 대로 이루어내는 능력을 지닌 존재이기 때문이다.

깨어 있는 삶

자신답게 살고 싶다면

자신이 있는 그 자리에서,

순간마다

깨어 있는 삶을 살도록 노력하라.

 누군가의 삶을 흉내 내는 삶은 정체된 삶일 뿐이다. 자기만의 개성적인 삶, 창의적인 삶을 살아야 한다. 자기답게 산다는 것은 곧 깨어 있는 삶을 사는 것이다. 깨어 있는 삶을 사는 당신이 되라.

모든 불행의 원인

불행의 대부분은

말에 의해서다.

말을 잘하면 떡이 생기지만,

말을 잘못하면 패가망신한다.

 말은 자기 생각을 전달하는 수단이다. 잘한 말 한마디는 인생을 바꿀
만큼 힘이 세다. 그러나 잘못된 말은 폭탄과 같아서 자신의 인생을 파
괴한다. 모든 행복과 불행은 한마디 말에 달려 있음을 기억하라.

머리가 녹슬지 않게 하라

머리도

쓰지 않으면 녹이 슨다.

머리가 둔해지는 게 그 증거다.

생각의 윤활유로

매 순간 방청防錆하여

총명한 머리를 유지하라.

 머리를 활발히 사용하지 않으면 둔해진다. 둔해진 머리는 녹슬게 마련이다. 녹슨 머리로는 무엇을 하든 잘 안된다. 그러니 열심히 머리를 굴려라. 머리가 녹슬지 않게 생각하고 또 생각하라.

오래된 것의 미

오래된 것은

낡고 진부하다는 생각을 버려라.

오래된 것은 그게 무엇이든

기나긴 세월을 머금은

지난날의 역사가 숨 쉬고 있다.

그래서 오래된 것은 아름다운 법이다.

 오래된 것은 낡은 것이 아니다. 오래된 것엔 세월의 흔적이 스며 있다. 그래서 가치가 있는 것이다. 이를 오래된 것의 미(美)라고 한다. 오래된 것을 소중히 여겨 보존하는 것, 그 역시 가치 있는 일임을 기억하라.

더 큰 행복을 바란다면

주는 건 잃는 게 아니라,

새로운 기쁨과

새로운 행복을 얻는 것이다.

더 큰 행복을 바란다면

나누는 일에 성심을 다하라.

 받는 행복보다 주는 행복이 더 크다. 그런 까닭에 봉사와 후원 활동을 즐겨 하는 사람들이 그토록 베푸는 삶을 놓지 않는 것이다. 진정한 행복을 원한다면 나누고 베푸는 일을 즐겨라.

August. 14

무엇이든 자세히 보라

무엇이든 자세히 보면

그 나름의 매력이 있다.

자세히 본다는 것은

애정과 관심을

기울이는 아름다운 행위이다.

 세상의 모든 것을 자세히 보라. 자세히 본다는 것은 사랑과 관심을 쏟는 일이다. 마주하는 것마다 자세히 보면 진면목이 드러날 것이다. 깊어지는 생각, 의미 있는 인생살이는 덤이다.

불필요한 말은 삼가라

불필요한 말이 많으면

없는 것만 못하다.

사람들에게

믿음을 주고 싶다면 말하되,

불필요한 말은 삼가야 한다.

 말 많은 사람은 믿음이 가지 않는다. 그래서 경계하고 멀리하게 된다. 하는 말 대개가 쓸데없는 말이기 때문이다. 사람들에게 믿음을 주고 싶다면, 말을 가려서 하고 쓸데 없는 말은 꼭 삼켜라.

바보들이나 하는 짓

자기가 파놓은

함정에 빠지는

어리석은 일을 벌이지 말라.

그것은 바보들이나 하는 짓이다.

 《탈무드》속 여우는 탐스러운 과일을 먹고자 굶은 끝에 과수원 울타리 안으로 들어가지만, 나올 때 배가 부른 탓에 결국 굶은 뒤 홀쭉해진 몸으로 과수원을 빠져나온다. 이 어리석은 여우처럼 되지 말라. 즉, 불필요한 일을 벌이지 말라. 자칫 스스로 파놓은 함정에 빠질 테니까.

마음을 깨끗하게 하기

온갖 시끄러움으로

가득 찬 세상이다.

이런 세상에서 잘 살아가기 위해서는

날마다 마음을 깨끗하게 닦아야 한다.

 우리는 날마다 수많은 언어공해에 시달린다. 언어공해는 마음을 더럽
히고 병들게 하는 독이다. 온갖 언어공해로 더러워진 마음을 깨끗이
씻어내라. 이 또한 시끄러운 세상을 잘 살아가는 비결이다.

자신을 세상에 덕이 되게 하라

자신이 있음으로써

세상이 자기가 태어나기 전보다

조금이라도 더 살기 좋아진다면,

그것만으로도 이름을

남길 가치가 충분하다.

 세상에 덕을 베푸는 사람이 되느냐, 아니냐는 오직 자신에게 달린 문제이다. 자신을 세상에 덕이 되도록 노력하라. 세상에 덕이 되는 것처럼 행복하고 충만한 삶은 없다.

소모적인 인생

자신의 인생을

남에게 의지하는 것보다

추악한 일은 없다.

그것은 하등의 가치가 없는

소모적인 인생일 뿐이다.

 자신의 삶을 누군가에게 의탁하려고 하는 것은 비생산적인 인생을 사는 거와 같다. 그것은 자신을 추악하게 만드는 소모적인 일이기 때문이다. 매사에 생산적인 인생이 되게 하라.

값지고 행복한 삶

소박한 기쁨이든

큰 기쁨이든

기쁨을 안고 사는 것,

그것이야말로

값지고 행복한 삶이다.

 기쁨이 넘치는 삶은 최선의 삶이다. 기쁨에서 뿜어져 나오는 에너지
는 매우 긍정적이어서 삶을 활기차고 역동적이게 한다. 매일 기쁨을
안고 살라.

August. 21

일에 대한 정의

일은
의식주를 해결하는 수단이자
자아를 실현하는 수단이다.

즐겁게 일에 빠져들 때
그 일은
일로써 가치를 지니게 된다.

일은 단지 의식주를 해결하는 수단이 아니다. 일은 자기 내면에 잠재된 능력을 끌어내 자신이 바라는 것을 이루게 하는 동력이다. 즉 자아를 실현하는 수단이며, 일이 지니는 진정한 가치이자 의미이다.

266

자신을 믿고 자신에게 의지하라

자신이 원하는 것을 이루고

가치 있는 인생을 만들고 싶다면,

강한 자신감을 길러

자신을 믿고 자신에게 의지하라.

 성공적인 인생, 가치 있는 인생을 사는 사람들은 모두 자기 확신이 강하다. 자기 확신이 강하다는 것은 자신을 믿는 마음이 강하다는 뜻이다. 자신을 믿고 자신을 의지하는 것이야말로 자신을 가치 있게 한다는 사실을 잊지 말라.

어려움은 누구에게나 온다

어려움은 누구에게나 온다.

흔들리지 않는

강철 같은 굳센 마음으로 이겨내라.

어려움을 이기는 순간 새로운 길이 열린다.

 살다 보면 누구나 어려움을 겪게 마련이다. 이럴 때 어려움에 굴복하면 인생은 실패하게 된다. 그러나 어려움을 이겨내면 원하는 것을 얻음은 물론 새로운 길도 열린다.

자기 방식의 삶

자기 방식의 삶을

살아가려면 원칙을 잘 지키고,

자신에게 진실해야 한다.

또한 깨어 있는 생각으로 새로운 것을

받아들이도록 늘 자신을 탄탄히 가꿔야 한다.

 자기 방식의 삶을 살려면 자신만의 개성과 능력을 갖춰야 한다. 이를
위해 새로운 것을 열린 마음으로 수용하라. 늘 배움으로 자신을 탄탄
히 가꾸고 진보하라.

소유의 주인이 되라

진정한 소유자가 되려면

소유의 노예가 되지 말고,

소유의 주인이 되어야 한다.

 많은 사람이 부를 축적하는 일에 목숨을 건다. 부를 축적하는 것은 곧 소유함을 뜻한다. 그런데 소유하려는 것에 열중하다 보니 소유의 노예가 되어 삶을 그릇되게 한다. 진정한 소유자가 되고 싶다면, 소유의 주인이 되도록 노력하라.

과정의 중요성

삶은 목적도 중요하지만

그 과정 역시 중요하다.

과정을 중시하라.

그러면

새로운 시각을 갖게 됨으로써

더 좋은 결과를 낳을 것이다.

 과정이 바르지 않으면 목적을 이루기란 힘들다. 과정이 좋아야 목적
달성도 순조롭게 할 수 있다. 그러니 올바른 과정을 중시하라.

의미 있는 삶

의미 있는 삶을

크고 높은 것에서 찾지 말라.

자신의 형편에 따라 할 수 있는 거라면

그 어떤 것도 의미가 있다.

의미 있는 삶이 당신을 참되고 복되게 할 것이다.

 작고 소소하지만 누구에게나 도움 된다면 그 또한 가치 있는 삶이다.
그런 까닭에 자기 형편에 맞는 일을 통해 의미 있는 삶을 추구해야 한
다. 유의미한 삶이란 그런 것이다.

규칙적이고 바른 생활

규칙적이고 바른 생활은

자신의 몸과 마음을 건강하게 함으로써

즐거운 생활을 하는 데 큰 도움을 준다.

또한 자신이 추구하는 삶을 사는 데도

길이 되고 큰 힘이 되어준다.

 규칙적이고 바른 생활은 몸과 마음을 반듯하게 함으로써 흐트러지는 삶을 막아줄뿐더러 하는 일에도 큰 도움을 준다. 늘 규칙적이고 바른 생활을 할 수 있도록 몸과 마음을 단정히 하라.

지혜로운 선택

어떤 선택을 하느냐에 따라

삶은 그 빛깔을 달리한다.

지혜로운 선택이야말로

삶을 온전하게 이끄는 비결이다.

 누구나 살면서 많은 선택을 한다. 진학할 학교를 선택하고, 직업을 선
택하고, 결혼 상대를 선택한다. 선택은 인간에게 의무이자 권리이다.
따라서 자신에게 잘 맞는 선택을 하는 것이 가장 중요하다. 무엇이든
신중하게 생각하고 지혜롭게 선택하라.

인생의 빛

좋은 말은 인생에 빛이 된다.

빛이 되는 좋은 말을

열린 마음으로 맘껏 받아들여라.

그런 만큼 삶이 성장할 것이다.

 좋은 말은 인생을 살아가는 데 큰 힘이 된다. 그런 까닭에 좋은 말을
많이 듣고 많이 새겨라. 인생에 빛이 되는 말은 그 어떤 보석보다도
귀한 '언어의 보석'임을 잊지 말라.

하지 말아야 할 것들

해야 할 것들만 하라.

거짓말, 과음, 사기, 폭력 등

하지 말아야 할 것들은 절대 하지 말라.

그것들은 인생을

무참히 망가뜨리는

가치 없는 불필요한 것들이기 때문이다.

 정직함, 절제, 진실함 등은 인생을 잘 살아가는 데 큰 도움이 된다. 하
지만 거짓말, 과음, 사기, 폭력 등 하지 말아야 할 것들은 인생에 전혀
도움 되지 않는다. 하지 말아야 할 것들은 인생을 망가뜨릴 것이니, 이
를 경계하고 또 경계하라.

Sept.

본질을 지키는
삶을 살라

자신이 만드는 행복

누군가가 행복하게 해주길

바라지 말고 자신이 만들어라.

누군가가 주는 행복은 잠깐이지만,

자신이 만드는 행복은 오래가는 까닭이다.

 많은 이가 남이 자신을 행복하게 해주는 것을 좋아한다. 하지만 남이 주는 행복은 잠깐이다. 오래가는 행복을 누리고 싶다면 스스로 행복을 만들어라.

마음이 가난한 사람

마음이 맑고 깨끗하면

마음이 가난해진다.

그래서 마음이 가난한 사람은

잘못된 길 위에 서지 않고, 교만하지 않고,

정도正道에서 벗어나지 않는다.

 마음이 맑은 사람은 얼굴빛이 밝고 온유하다. 마음이 맑으면 어린아이처럼 순수해지기 때문이다. 마음을 맑게 하려면 사악한 생각을 버리고, 탐욕을 버리고, 미움과 시기도 버려야 한다. 진정 가난한 마음, 어린아이처럼 순수한 마음을 소유하라.

곤란의 의미

곤란困難은 자신의 부족함을

깨치게 하는 삶의 스승이다.

곤란을 겪게 될 때

자신을 똑바로 바라보라.

 누구나 곤란을 겪으면 당황할뿐더러 때론 막막함을 느끼게 된다. 이
럴 때일수록 곤란을 극복하려는 적극적인 자세가 필요하다. 곤란을
극복하다 보면 자신의 참모습을 보게 될 것이다. 곤란은 자신의 부족
함을 일깨우는 삶의 스승이다.

마음을 나누는 일

마음을 나누는

사람이 많을수록 따뜻한 사회다.

마음을 온전히

나누는 일에 기쁨으로 동참하라.

 마음을 나누는 일은 삶을 따뜻하게 한다. 사랑을 나눠주는 일인 까닭이다. 마음을 나누는 일이 많을수록 행복 또한 커진다. 진정으로 행복해지고 싶다면 마음을 나누라.

살아 있는 것을 소중히 하기

살아 있는

모든 것은 제 이름을 갖고 있다.

그것은 모두가

필요한 존재라는 방증이다.

살아 있는 것들을 소중히 하라.

 이 세상에 존재하는 생명체들은 다 필요에 의해서이다. 그런 까닭에 풀 한 포기, 꽃 한 송이, 나무 한 그루도 함부로 해서는 안 된다. 사람 은 더더욱 함부로 해서는 안 된다. 살아 있는 것들을 소중히 할 때 삶 은 더욱 아름다워질뿐더러 행복해진다.

우리를 자유롭게 하는 것

자유에 이르는 길은 사랑에 있고,

그것을 실천하는 데 있다.

우리는 이를 진리라고 말한다.

그 진리가 우리를 자유롭게 할 것이다.

 인간은 자유를 만끽하고 살아야 한다. 자유는 사랑에 의해서 더욱 자
유롭게 되는데 이를 진리라고 한다. 그런 까닭에 인간은 진리 안에서
살아야 하는 것이다.

선을 행하라

선_善을

행하는 일은 쉽지 않지만

그럼에도 선을 행해야 한다.

이는 우리 인간의 도리이자

의무이기 때문이다.

 인간은 선을 행할 때 비로소 인간다워진다. 선은 인간만이 행할 수 있
는 도덕적 행위이다. 선을 행하는 자가 복되다. 그러니 선을 행하라.

September. 08

채움의 법칙

머리와 마음에서

불필요한 생각들을

날마다 비워내라.

말끔히 비워야

새것들을 채울 수 있다.

우리 주변에는 쓸데없는 것들이 넘쳐난다. 이를 비워내지 않으면 마음은 갈수록 혼탁해진다. 이 불필요한 것들을 과감히 비워내라. 그리고 새로운 생각으로 마음을 충전하라.

September. 09

욕망을 지배하는 자

욕망을 꿈꾸는 자는

욕망의 노예가 되지만,

욕망을 지배하는 자는

자신이 원하는 것을 얻는다.

 욕망은 누구에게나 있는 본성 중 하나이다. 다만 정도의 차이가 있을 뿐이다. 욕망을 단호히 지배하라. 이로써 잘못될 상황을 억제하라. 욕망을 지배해야 진정 원하는 것을 얻을 수 있다.

한 송이 꽃도 존재 이유가 있다

한 송이 꽃도

존재 이유가 있다.

그 존재 이유를

인간이라는 이유로 묵살할 수 없다.

꽃에게도 예의를 지켜야 한다.

 꽃은 자연을 아름답게 가꾸는 데 꼭 필요하다. 꽃이 없는 산과 들을 생각해보라. 얼마나 삭막하겠는가. 꽃이 있기에 자연은 넉넉하고 아름다운 것이다. 이것이 꽃이 존재하는 이유이다. 그런 까닭에 꽃을 함부로 해서는 안 된다. 꽃을 아끼고 소중히 하라.

사람들이 사는 집은 따뜻하다

사람들이 사는 집은 따뜻하다.

사람들의 따뜻한 숨결이

평안하게 감돌기 때문이다.

안식할 수 있는

포근한 집이 있다는 것에 감사하라.

 환하게 불켜진 집을 바라보자면, 보는 것만으로도 따뜻한 온기를 느낀
다. 반면 인적 없는 스산한 길거리를 보자면, 그리도 삭막할 수가 없다.
안식할 수 있는 따뜻한 집이 있음을 감사하라.

자신을 만나는 시간

가끔은 혼자

조용히 자신을 만나는 시간을 가져보라.

깊은 고요 속에서

또 다른 자신을 만나게 될 것이다.

 혼자만의 시간을 가져야 한다. 이는 자기 내면과 마주함으로써 자신을 스스로 정화하는 시간이다. 이 시간을 통해 새롭게 거듭나는 기회를 맞이하라.

서로를 인정하기

서로 다른 것을

인정하고 함께 받아들이자.

아름다운 세상을

함께함으로써

사랑을 만들어내자.

 서로를 인정해야 한다. 사람마다 그만의 개성과 장점이 있는 까닭이다. 서로를 인정하면 많은 에너지가 창출된다. 이 좋은 에너지가 아름답고 역동적인 사회를 만든다. 그러니 잊지 말라, 서로가 서로를 인정해야 함을.

천연의 소리

때 묻지 않은 자연의 소리는

아무리 들어도 질리지 않는다.

자연의 소리는 인위를 가하지 않은

천연의 소리이기 때문이다.

천연의 소리처럼

스스로 인품을 맑고 깨끗하게 하라.

 천연의 소리는 정화를 불러온다. 인위를 가하지 않은 무위의 소리이기 때문이다. 해맑고 푸른 천연의 소리처럼 자신의 인품을 정갈히 닦아라.

뒤끝이 산뜻한 사람

뒤끝이 산뜻한 사람은

후회를 남기지 않는다.

우리는 누구나

그런 인생이 되어야 한다.

 살아생전 존경받는 사람들 중 생을 마감할 때 뒤끝이 산뜻하지 못한
사람이 종종 있다. 이런 삶은 비극이 아닐 수 없다. 세상을 떠날 때 뒤
끝이 산뜻해야 한다. 그래야 오래도록 존경받는 인물로 남을 수 있다.

단단한 삶을 산다는 것은

한지처럼 부드럽고

탄탄한 삶을 살아야 한다.

알차고 속이 꽉 찬

한지 같은 사람이 되라.

 자기 내면을 탄탄히 하고, 실력 또한 탄탄히 쌓아야 한다. 그래야 똑
부러지게 단단한 삶을 살 수 있다. 단단한 삶이란 자신은 물론 사회
에도 유익함을 주는 인생이다.

겨울비, 쓸쓸하고 담백한

겨울비는 쓸쓸해 보이지만

그 쓸쓸함 속에는

마음이 맑아지는 담백함이 있다.

그 담백함을 느껴보라.

가슴이 충만해질 것이다.

 겨울비는 쓸쓸함을 불러일으키면서도 왠지 마음을 정화해준다. 그래서 겨울비 내리는 모습을 보고 있노라면, 마음이 맑아지고 차분해진다. 겨울비에는 그런 담백함이 있다.

우리가 영원히 사는 길

우리는 우주의 입자 같은

지극히 작은 존재이다.

우리가 영원히 사는 길은

우주 앞에 겸손하고,

우주의 질서에 순응하는 것이다.

 인간은 우주에 떠 있는 작은 입자 같은 존재다. 그런데 그런 인간이
감히 자연을 제멋대로 훼손시켰다. 이는 우주의 질서를 파괴하는 행
위이다. 이는 무엇을 말하는가. 곧 멸망을 의미한다. 인간이 영원히 사
는 길은 우주의 질서를 따르고 보존하는 데 있다.

September. 19

마음이 무거울 땐

마음이 무거울 땐
겨울나무를 느껴보라.

아무것도 걸치지 않은
없음으로 말미암아 느껴지는 그 충만함을.

한없이 맑고
가벼워지는 자신을 느끼게 될 것이다.

 겨울나무는 아무것도 걸치지 않았지만, 그래서 더욱 충만함을 느낀다. 모든 것을 비워내고도 충만한 겨울나무. 마치 무욕의 성자 같다. 마음이 무겁고 살아가는 일이 답답할 땐 겨울나무를 느껴보라. 마음이 한결 가벼워지면서 새 힘을 얻을 것이다.

서로를 믿는다는 것은

서로를 믿는 것처럼

아름다운 일은 없다.

믿음은

자신을 내어주는

고귀한 행위이기 때문이다.

 믿음이 가는 사람에겐 마음이 간다. 그 사람은 자신에게 도움이 되리라는 생각에서다. 그래서 그 사람과 좋은 관계를 이어가게 된다. 이처럼 서로를 믿는다는 것은 서로에게 자신을 내어주는 것과 같다. 믿음을 주고받는 것은 고귀한 교감이다.

인간이 반드시 갖춰야 할 품성

선의와 성심은

인간이 반드시 갖춰야 할 품성이다.

매사에 선의로 대하고

성심을 다해 행하라.

선의로 사람을 대하면 그 에너지가 상대는 물론 자신에게로 돌아온다.
또한 매사에 성심을 다하면 좋은 결과가 온다. 선의와 성심으로 인생
을 살라.

불가근불가원 不可近不可遠

좋을 땐

한없이 좋은 게 가까운 사이다.

하지만 나쁠 땐 원수가 따로 없다.

좋은 관계를 유지하기 위해서는

너무 가까이도 하지 말고,

너무 멀리도 하지 말아야 한다.

 좋은 사이도 이해관계로 틀어지면 한순간 원수가 된다. 좋은 관계의
지속을 위해 거리를 적당히 유지하라. 상황에 걸맞은 지혜로운 대처,
이것이 오래가는 비결이다.

새로운 일을 시작할 때의 자세

새로운 일을 시작할 땐

새로운 생각으로 무장해야 한다.

그것이 좋은 결실을 볼

확실한 방법이다.

 새 술은 새 부대에 담아야 하듯, 새로운 일을 할 땐 새로운 마음가짐
이 필요하다. 그래야 그 일을 잘해낼 새로운 힘이 생성된다. 새로운 일
을 시작할 땐 새로운 생각으로 철저하게 무장하라.

하고 싶은 일을 하라

하고 싶은 일은 힘들어도,

돈이 되지 않아도 즐거움을 준다.

하고 싶은 일은

그 자체가 '꿈'이기 때문이다.

 하고 싶은 일은 힘들어도 즐겁다. 피곤해도 피곤한지 모른다. 좋아하
는 일은 그 자체가 에너지이며 꿈이기 때문이다. 인생을 행복하고 보
람 있게 만들고 싶다면 하고 싶은 일을 하라.

안주의 위험성

안주한다는 것은

자신을 스스로 도태시키는 일이다.

늘 생각을 새롭게 하고,

절대 현실에 안주하지 말라.

 현실에 안주한다는 것은 마치 웅덩이에 고인 물과 같다. 고인 물은 흐르지 않아 썩게 된다. 썩은 물은 생명력이 없다. 그런 까닭에 안주함을 경계해야 한다. 늘 자신을 새롭게 하는 일에 힘써라. 그래야 생산적이고 긍정적인 삶을 살 수 있다.

세상의 이치

'밝음'은 '어둠'을 통해

더욱 밝게 빛나듯

'옳음'은 '그름'을 통해

더욱 옳게 드러난다.

이렇듯 세상의 이치는

정반正反의 대치를 통해

'본질의 빛'을 더욱 밝힌다.

 세상에는 플러스와 마이너스가 공존한다. 플러스는 마이너스로 인해 그 가치를 더한다. 반하는 것을 통해 진실은 더욱 빛난다. 이것이 세상의 이치이다.

독서의 진미

책을 읽고,

읽은 대로 행동에 옮기는 것이야말로

독서의 진미眞味라고 할 수 있다.

읽은 것을 실천에 옮길 때

독서의 가치는 더욱 진가를 발한다.

 유대인은 '책은 읽는 것이 아니라 배우는 것'이라고 말한다. 이는 곧 독서를 통해 읽은 것을 실천하라는 의미다. 그들이 생각하는 진짜 독서란 바로 이런 것이다. 이것이야말로 독서의 진미가 아닐 수 없다.

September. 28

본질을 지키는 삶을 살라

무엇이든 본래

그대로의 모습이 아름다운 법이다.

삶 또한 본질에서 벗어나지 않을 때

아름답고 행복한 인생이 실현된다.

 삶의 본질에서 벗어날 때 인생은 틀어진다. 본질에서 벗어난다는 것
은 근본을 지키지 않는다는 뜻이다. 인생을 잘 이어가려면 삶의 본질
을 지켜라. 본질을 지키며 사는 삶이 최선의 삶이다.

시를 많이 읽어야 하는 이유

시詩는

'영혼의 양식'이다.

마음이 궁핍해지지 않도록

시를 읽어야 한다.

시를 읽는 만큼

마음이 풍요로워질 것이다.

 시는 찌든 삶을 해독시키는 해독제이다. 좋은 시를 많이 읽어야 한다. 좋은 시를 많이 읽으면 정서가 풍부해지고, 마음이 풍요로워진다. 몸과 마음을 맑게 하는 좋은 시는 '영혼의 양식'이다.

September. 30

평온한 마음 갖기

하루하루가

시끄러운 전쟁터와 같다.

마음은 찌든 먼지로 편치 않고

쉬 지치고 피로하다.

평온한 마음을 갖기 위해

기도와 명상, 독서와 사색을 습관화하라.

 마음이 평온하면 매사에 여유로워진다. 또한 무슨 일이든 능동적으로 하게 된다. 이것이 평온한 마음을 가져야 하는 이유다. 기도와 명상, 독서와 사색을 통해 마음을 평온히 하라.

Oct.

스스로
잘되게 하는 비결

살피는 지혜

급히 먹는 밥에 체하듯
우리의 삶 또한 그러하다.

잘되고 싶은 마음에
무턱대고 달려가다 보면
뜻밖의 고난을 만나기 십상이다.

때때로 사위를 살피는
지혜가 필요하다.

그래야 그 어떤 난관을 만나도
능히 이겨낼 수 있다.

 자신을 살필 줄 아는 눈을 길러야 한다. 잘하고 있을 때 더더욱 자신을
살펴야 한다. 살피는 지혜로 잘못될지 모를 만일의 우를 경계하라.

자신만의 꽃을 피우는 법

거친 비바람을 이겨낸 꽃이 더 아름다운 까닭은 흔들
리면서도 쓰러지지 않고 온몸으로 자신을 지켜냈기
때문이다.
모든 이치는 이와 같으니, 흔들림을 두려워하지 말라.
흔들림을 이겨내는 자만이 자신만의 꽃을 피우는 법
이다.

 그 어떤 어려움이 따르더라도 두려워하지 말라. 죽을 만큼 힘들더라
도 포기하지 말고 악착같이 견뎌내라. 이것이 자신만의 꽃을 피우는
가장 확실한 방법이다.

October. o3

종교의 모순

종교는
누군가에게 빛이 되어
삶을 맑고 이롭게 한다.

반면,
누군가에겐 마약이 되어
정신적 늪에 빠지게 한다.

312

 종교는 신실한 신앙의 힘으로 고난을 이겨내게 한다. 하지만 자칫 잘못된 신앙에 빠지면 오히려 고난 속에 빠져든다. 이것이 종교가 지니는 모순이다. 그런 까닭에 바르게 믿는 자세가 필요하다.

여유 있는 사람의 자세

여유 있는 사람은 말과 행동이 경망스럽지 않다. 반면
여유 없는 사람은 말과 행동이 거칠다. 조급하기 때문
이다.

일에서든, 생활에서든 마음의 여유를 가져야 한다. 여
백미의 그림이 더 운치가 있고 여운을 남기듯, 여유를
갖고 살 때 삶은 더욱 평안할뿐더러 자유롭다.

 마음을 평안히 하는 자세가 필요하다. 늘 기도하고 묵상함으로써 마
음을 다스리는 힘을 길러야 한다. 사색 또한 마음을 다스리는 데 큰
도움이 된다.

희망이 좋아하는 사람

희망은
희망을 품는 사람을 좋아한다.

그래서 그런 사람에게는
언제나 희망이 함께한다.

어떤 실패와 좌절에도 두려워하지 말고,
희망을 꽉 붙잡아라.

 아무리 힘들고 어려운 상황에 빠질지라도 좌절하지 말고 희망을 놓지
말라. 그 희망이 갈 길을 열어줄 것이다.

창의력을 지닌 존재

인간이 고통과 시련 속에서도
이겨낼 수 있는 까닭은
창의력을 지닌 존재이기 때문이다.

인간은 창의력을 발휘하여
불가능도 가능하게 하고
고통과 시련을 행복으로 만든다.

당신은 무한한 힘,
창의력의 소유자임을 잊지 말라.

 창의력은 창조주께서 내려주신 능력이다. 당신에게도 부여된 창의
력을 왕성히 발휘하라. 창의력은 스스로 잘되게 하는 원동력이다.

지금의 오늘

지금의 오늘은 단 한 번뿐이다.

오늘이 지나면

지금의 오늘은 더 이상 존재하지 않는다.

정녕,

남과 다른 길을 가고 싶다면

지금의 오늘을 잘 보내라.

 많은 이가 시간은 늘 남아돈다고 생각한다. 그러나 이는 오만한 착각
이다. 지금의 오늘은 단 한 번뿐이다. 지금 이 순간이 인생에서 가장
중요하다는 사실을 명심하라.

자연이 아름다운 까닭은

자연이 아름다운 까닭은
서로 다른 것들이
조화롭게 어울리기 때문이다.

인간의 삶 또한 그래야 한다.

주변인들과 조화로이 협력할 때
행복을 아름답게 영위할 수 있다.

우리 모두 자연처럼
아름다운 삶의 협력자가 되자.

 푸른 나무와 꽃들이 가득한 산과 들을 보면, 한 폭의 그림처럼 아름답
다. 그래서 보는 것만으로도 마음이 평온하고 포근해진다. 이는 조화
의 구도 때문이다. 우리의 삶 또한 그래야 한다.

이성과 감정

불필요한 감정에서 벗어나려면
스스로 깨닫고 느끼면서
이성을 길러야 한다.

이성이 감정보다 앞설 수 있다면
어떤 상황에서도 감정의 빠져
허우적거리는 우를 범하지 않을 것이다.

이성만이 감정을 누를 수 있기 때문이다.

 감정은 우리의 자연스러운 메커니즘이다. 하지만 너무 감정에 치우치
다 보면 우를 범하게 된다. 이를 제어하는 또다른 메커니즘이 이성이
다. 이성을 트레이닝하라. 그래야 잘못될 일로부터 자신을 지킬 수 있다.

무리한 인위를 가하지 말라

물이 자연스럽게 흘러
모든 생물을 품어주듯
우리의 삶 또한 그러하다.

잘 살아가길 바란다면
삶에 순응하고,
무리한 인위를 가하지 말아야 한다.

 인위를 가한다는 것은 무리를 따른다는 뜻이다. 무리를 따르면 잘못
된 길을 가기 십상이다. 무리하게 인위를 가하지 말라. 그 대신 무위,
즉 순리를 따르라. 자연의 흐름을 따르면 잘못될 일이 없다.

October. 11

지나친 자기 신뢰를 경계하라

자신을 신뢰하는 것은 좋으나

지나친 신뢰는 교만을 부를 수 있다.

상대를 무시하는 우를 범하게 되기 때문이다.

이를 늘 경계해야 한다.

 자신을 신뢰하는 것은 긍정적인 일이다. 그만큼 자신감이 있다는 뜻이기 때문이다. 그러나 지나친 신뢰는 도리어 부정적인 일을 야기한다. 그러니 자신을 신뢰하되, 절대 교만하지 말라.

완전한 인간보다 진실한 인간이 되라

완전함을 추구하는 인간은

오만함에 빠지기 십상이다.

어떻게 인간이 완전할 수 있을까.

불완전하니까 인간이다.

완전한 인간보다는

진실한 인간이 되어야 한다.

 완전한 인간이란 없다. 그저 완전해지려고 노력하는 인간이 있을 뿐이다. 완전한 인간이 되기보다 진실한 인간이 되라. 진실한 인간 또한 완전에 근접한 인간이다.

꼭 필요한 사람

세계는 하나의 선으로
연결된 그림과 같다.

서로 다른 하나가 모여
세계를 이루기 때문이다.

이 세계에
꼭 필요한 사람이 되라.

 세계는 언어와 풍습, 피부색과 체형이 다른 수많은 인종으로 이루어졌
다. 각각의 사람이 조화를 이룰 때 세계는 하나가 된다. 그런 세계에 꼭
필요한 존재가 되라.

만남을 소중히 하기

만나야 할 사람은
언제든지 만나게 되어 있다.

만나야 할 사람은
그가 어디에 있든
인연이라는 선으로
연결되어 있기 때문이다.

운명적인 만남,
그 만남을 소중히 하라.

 만나야 할 사람은 꼭 만나게 된다. 다만 만남의 시기가 다를 뿐이다.
그런 까닭에 만남을 소중히 여겨야 한다. 인연이 닿지 않으면 그 어떤
만남도 이루어지지 않는다. 만남을 '인생의 보석'으로 여겨라.

바라봐도 좋을 것만 바라보라

무엇을 바라보느냐에 따라
그 사람의 가치가 달라진다.

진실을 바라보면
진실의 가치가 붙고,

거짓을 바라보면
거짓의 가치가 붙는다.

바라봐도 좋을 것만 바라보라.

 바라봐도 좋을 것만 바라보라. 그래야 선한 마음을 쌓고, 삶을 좋게 펼
쳐나갈 수 있다. 바라보지 말아야 할 것은 바라보지 말라. 그것은 삶에
악영향을 끼칠 뿐이다.

진정한 길

진정한 자신의 길을
찾는 일은 고행과도 같다.

쉽게 주어진다면
그건 진정한 자신의 길이 아니다.

어렵게 찾아
내 것으로 만들어야
진정한 길인 것이다.

 진정한 길을 찾는다는 것은 종교의 진리와 같다. 그런 까닭에 어려워
도 그 길을 찾아가야 한다. 그래야만 진실한 인생, 행복한 인생을 살
아갈 수 있다.

신의 가르침에 따르라

신은 모든 것을 알고 있고,
모든 것을 창조하는 거룩한 존재이다.

그러므로
신의 가르침을 외면해서는 안 된다.

그 가르침이야말로
자신을 복되게 하는 은총이다.

 창조주의 뜻을 따르면 결코 잘못되거나 손해 보는 일은 없다. 창조주
의 뜻은 곧 인간을 참되게 하는 것이기 때문이다. 그런 까닭에 창조주
의 가르침을 따르는 것이야말로 자신을 복되게 하는 일이다.

꿈을 주는 '꿈의 사람' 되기

누군가에게 꿈을 주는 것처럼
행복하고 보람된 일은 없다.

내가 누군가에 꿈을 주면,
그 몇 배의 꿈이
내게 되돌아오기 때문이다.

꿈을 꾸고,
내가 아닌 다른 누군가에 꿈을 주는
'꿈의 사람'이 되라.

 꿈을 주는 사람이 되기 위해 첫째 자신을 위해서 살되, 둘째 자신이
지닌 재능을 타인과 사회에 쓸 수 있어야 한다. 그렇게 누군가에게 꿈
을 줄 때 더욱 풍요로운 인생의 주인공이 될 수 있다.

밝음을 쫓는 사람, 어둠을 쫓는 사람

밝음을 쫓는 사람은
밝음 속에서 살지만,
어둠을 쫓는 사람은
어둠 속에 갇힌다.

잘되고 싶다면
세상의 밝음을 바라보고 나아가라.

그 밝음이
인도하는 대로 열심히 따라가라.

당신 또한 빛이 될 것이다.

 밝은 삶은 행복과 기쁨이 뒤따른다. 반면, 부정적인 삶은 불행과 고난
이 뒤따른다. 세상의 밝음을 따라 긍정적인 삶을 살라.

정신적 부산물인 집착 버리기

비우는 자만이

채움의 진정한 기쁨을 안다.

'비움'은 곧 '채움'이다.

집착은 쓸데없는 정신적 부산물과 같다.

무슨 일이든 최선을 다하되

자신을 옭아매는 집착을 버려라.

 집착은 자기 스스로 옭아매는 올가미다. 채우기 위해 집착하다 보면 있는 것마저 잃는다. 비우라. 비우면 채워질 것이다. 비움은 채움의 또 다른 이름이다.

참자유를 얻는 최선의 비법

인간은

모든 욕망에서 벗어날 때

비로소 참자유를 얻는다.

모든 매임에서 벗어나는 것,

이것이

참자유를 얻는 최선의 비법이다.

 욕망은 사람을 억압한다. 그렇기에 욕망에 사로잡히면 스스로 구속된다. 마음의 자유를 잃는 것이다. 욕망에서 벗어나 진정한 자유를 얻으라.

모든 영광 뒤엔 고통이 따른다

모든 영광 뒤엔 고통이 따른다.

만일 당신이
영광을 누리고 싶다면
고통을 흔쾌히 감내하라.

 동서고금을 막론하고 고통이 따르지 않은 영광은 없다. 고통을 딛고
이겨냈기에 빛나는 영광의 면류관을 쓸 수 있는 것이다. 삶의 고통을
만날 때 피하려고 하지 말고 맞서 이겨내라. 영광은 고통이 만드는 것
이다.

자기 인생의 주인공

자기 인생의
주인공으로 산다는 것은
그 무엇보다 행복한 일이다.

그러나 그렇게 산다는 것은
뼈를 깎는 고통도
감수할 때만 가능하다.

 누구나 자기 인생의 주인공이 되고 싶을 것이다. 그런데 그렇게 하기
위해서는 그만한 대가를 치러야 한다. 그 어떤 어려움과 고통이 따르
더라도 반드시 이겨낼 때만이 가능하다. 멋지게 삶을 즐기는 자기 인
생의 주인공이 되라.

빛과 소금 같은 사람

진정으로 바라는
인생을 살고 싶다면
선한 영향력을 주는
사람을 가까이하라.

그 사람이 당신에게
빛과 소금이 되어줄 것이다.

 성공적인 삶을 살거나 만족한 인생을 사는 이들에게는 좋은 사람이
있다. 어둠을 밝히는 빛과 같은 사람, 맛을 내는 소금과 같은 사람이
다. 잘되고 싶다면 빛과 소금 같은 사람을 가까이하라.

스스로 행복을 만들라

행복은 욕심을 내려놓을 때
스스럼없이 다가오고,
사랑과 베풂을 통해 더욱 크게 다가온다.

누군가의 힘으로 행복을 바라지 말라.

스스로 행복을 만들어갈 때
진정으로 행복한 내가 될 수 있다.

 행복은 누가 주기도 하지만, 스스로 노력해서 만들어갈 때 더 가치 있고 오래간다. 오래도록 행복하고 싶은가? 그렇다면 스스로 행복해지기 위해 노력하라.

October. 26

즐겁게 인생 살기

여행은 즐겁게 해야 한다. 그것이야말로 생산적이고
창조적인 여행이다. 그런 여행에서도 뜻밖의 힘든 일
을 만나게 마련이다.

인생도 마찬가지다. 즐겁게 인생을 살아야 한다. 물론
때때로 힘든 일을 만나 곤란에 빠지게 마련이다.

그럼에도 부여된 생에 감사하며 불평 대신 긍정의 마
음으로 더 열심히 살라. 즐거운 인생은 그렇게 만들어
가는 것이다.

 살다 보면 어려운 일을 겪게 마련이다. 이럴 때 긍정적으로 이겨내려
는 의지가 필요하다. 힘들고 어렵다고 불평불만을 쏟는 대신, 그 난관
을 잘될 기회로 여기며 노력한다면 반드시 전화위복의 기회가 올 것
이다.

인생의 승리자

인생의 승리자는
무엇인가를 꾸준히 해내는 사람이다.

꾸준히 하다 보면
좋은 결과를 낳는 법이다.

반면, 인생의 실패자는
생각만 하고 실행하지 않는다.

그러고는 자신은 불행하다고 말한다.

이처럼 인생의 승리자와 실패자는
실행하느냐 여부에 따라 결정된다.

아무리 밑그림이 좋아도 색칠을 하지 않으면 좋은 그림이 될 수 없듯,
아무리 좋은 계획도 실행하지 않으면 그림의 떡이 되고 만다. 좋은 결
과를 얻고 싶다면 반드시 실행하라. 실행만이 답이다.

무엇을 해도 잘되는 사람

무엇이든 잘되는 사람은
자신을 사랑하는 마음이 강하다.

그래서 어떤 일을 할 때
얼렁뚱땅 대충하지 않는다.

자신을 사랑하는 것은
자신에게 긍정적 에너지를 주는 일이다.

그런 까닭에
자기애가 강한 사람이 잘되는 것이다.

 하는 일마다 잘되는 사람들은 본디 자기애가 강하다. 그들은 무슨 일
이든 잘해야 자신이 행복하다고 여긴다. 분명한 것은 자기애만 강해
서는 안 된다는 사실이다. 자기애와 더불어 성취하겠다는 의지와 끈
기, 실천력이 강해야 한다. 이것이 하는 일마다 잘되는 비결이다.

마음의 수양 쌓기

시끄러운 가운데서
가만히 고요함을 느끼고,

괴롭고 고통스러운 가운데서
즐거움을 얻길 바란다면,

몸과 마음을 맑고 깨끗하게 해야 한다.

마음을 수양하면 새로운 눈으로 보고
새로운 귀로 들을 수 있기 때문이다.

 심란하고 괴로울 때 술로 마음을 달래려 하지 말라. 이는 몸만 상하게
할 뿐이다. 평정심으로 마음을 다스려라. 기도와 묵상을 통해 마음을
단련하라. 마음을 수양하면, 감정에 휘둘리지 않는다.

진실을 이길 비법은 없다

진실을 이길 비법은 없다.

진실, 그 자체가

가장 확실한 비법이다.

 진실을 이길 수 있는 것은 어디에도 없다. 진실 그 자체가 최선이기 때문이다. 무슨 일에서든 진실하라. 진실한 자만이 어떤 상황에서도 자신을 지켜낼 수 있다.

스스로 잘되게 하는 비결

매사에
감사함을 갖는 마음엔
생산적인 에너지가 넘쳐난다.

그래서 감사하는 사람들이
인생을 좀 더 풍요롭게
창의적으로 살아가는 것이다.

감사하는 마음을 갖는 것,
이것이 스스로 잘되게 하는 비결이다.

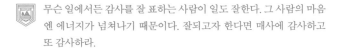 무슨 일에서든 감사를 잘 표하는 사람이 일도 잘한다. 그 사람의 마음
엔 에너지가 넘쳐나기 때문이다. 잘되고자 한다면 매사에 감사하고
또 감사하라.

Nov.

잘 거두고 싶다면
잘 심으라

신성한 생활력

일을 신성한 종교처럼 대한다면
그 어떤 일도 감사해하며
소중히 여기게 될 것이다.

일은 창조주께서 부여한
생활의 근본이 되기 때문이다.

자신이 하는 일을 사랑하라.

일은 당신을 배반하지 않고
원하는 것으로 채워줄 것이다.

 자기 일을 사랑하면 일도 잘된다. 자연히 성실하다는 좋은 이미지가
쌓인다. 반면 자기 일을 달갑지 않게 여기면 일도 잘 안될뿐더러 불성
실하다는 나쁜 이미지가 쌓인다. 자기 일을 사랑하라. 일은 신성한 생
활의 근본이다.

사랑의 법칙

사랑을 받으려고만 한다면
그것은 이기심일 뿐이다.

사랑은
받는 것이 아니라 먼저 베푸는 것이다.

그래야 더 큰 사랑으로 돌아온다.

이것이 사랑의 법칙이다.

사랑의 법칙에 순응하는 사람이
진정으로 행복한 사람이다.

 사랑을 받는 것보다 사랑을 베푸는 것이 더 행복한 일이다. 진정 행복
해지고 싶다면 사랑을 베푸는 사람이 되라. 그것이 최선의 행복에 이
르는 길이다.

후회하지 않는 사랑

사람들은
사랑하는 이가 곁에 있을 땐
그이의 소중함을 잊고 산다.

그러나 그이가 곁에 없을 때
'그때 더 잘 했어야 했는데' 하고
그제야 후회한다.

후회하지 않는 사랑,
참사랑을 하라.

 후회하는 사랑은 두고두고 마음을 괴롭힌다. 반면, 후회하지 않는 사
랑은 미련을 남기지 않는다. 아낌없이 열렬히 사랑을 한 까닭이다. 한
번 사는 생에서 한번 후회하지 않는 사랑을 해보라.

아무리 힘들고 어려워도 도망치지 않기

지금 아무리
힘들고 어려워도 도망치지 말라.

과거가 아무리 화려하고
좋았다고 해도 집착하지 말라.

과거는 이미 흘러간 시간,
지금 무엇을 하느냐가 중요하다.

지금을 열심히 사는 것,
그것이 자신을 위한 최선의 비책이다.

 힘들고 어려울지라도, 좋았던 지난날을 돌아보며 현실 회피를 하지
말라. 돌이킬 수 없는 과거에 미련 한 줌도 두지 말라. 지금이 중요하
다. 힘들수록 더 악착같이 오늘을 살라.

원대한 희망과 담대한 꿈

원대한 희망을 품은
사람의 가슴에는 담대함 꿈이 자란다.

그 어떤 고난과 역경을 이겨낼
열정의 에너지가 맹렬히 불탄다.

당신이 원하는 것을
얻고 싶다면 원대한 희망을 품으라.

그리고 힘차게 나아가라,
담대한 꿈이 당신을 이끌어줄 것이다.

원대한 희망을 품은 사람은 활력이 넘친다. 그 희망 속에서 미래의 청
사진을 생생히 구체화하기 때문이다. 희망을 원대하게 품고 담대하게
꿈을 향해 나아가라. 꿈은 이루어진다.

인생을 가치 있게 만드는 필수 조건

노력하지 않으면
원하는 것은 물론
그 어떤 것도 이룰 수 없다.

인생을 유의미하게 살고 싶다면
목표를 구체적으로 설정하고
의지를 굳혀 노력해야 한다.

굳은 의지와 노력은
인생을 가치 있게 만드는
필수 조건이다.

 가치 있는 인생을 만드는 원동력은 굳은 의지와 노력이다. 원하는 목
표를 향해 다시 한번 의지를 다지고 최선을 다해 노력하라.

욕망의 옥죄임에서 벗어나기

욕망에 얽매이면
마음의 눈이 어두워지고,
탁류처럼 생각이 흐려지고
분별력이 떨어진다.

그러다 보면
헛된 것에 한눈을 팔게 되고,
그로 말미암아
원치 않는 길을 가기도 한다.

원하는 대로 자유롭게 살고 싶다면
욕망의 옥죄임에서 벗어나라.

 과한 욕망은 몸과 마음을 옥죈다. 한순간 마음의 눈을 가리고, 생각을
흐트리고, 분별력을 떨어뜨린다. 그렇게 욕망의 노예로 만들어 인생을
망가뜨린다. 그러니 욕망을 갖되, 지나친 욕망은 경계하라.

사람 사이에 벽을 만들지 않는 사람

자신을 스스로 낮추는 자는 높아지고
자신을 스스로 높이는 자는 낮아진다는
이 진리를 마음에 새겨 실천하라.

몸을 낮추는 겸허한 사람,
누구나 이런 인물을 좋아하고 존경한다.

그런 이에게는 '벽'이 없기 때문이다.

사람과 사람 사이에 벽을 만들지 않는 사람,
그런 인물이 되라.

겸손한 사람 주변에는 적이 없다. 반면, 교만한 사람 주변에는 온통 적
이다. 자신을 스스로 낮추라. 스스로 낮추는 자는 높아지고, 스스로 높
이는 자는 낮아진다는 사실을 명심하라.

평화의 마음

사악한 마음을 품은 자의
눈은 분노로 이글거리고,
입은 거칠고, 행동은 난폭하다.

이런 자와 함께한다면
자연히 자신 또한
사악한 마음에 물들 것이다.

인생을 잘 살고 싶다면
사악한 마음을 경계하고
사랑을 품어야 한다.

사랑은 모든 것을 어루더듬는
평화의 마음이기 때문이다.

 사랑을 품으면 마음이 온화해지고 평안해진다. 자연히 사람들에게 호
감을 주고 누구나 따르게 만든다. 진정 행복해지고 싶다면 사랑을 품
고 베풀라. 사랑은 평화의 등불이다.

두 가지 타입의 사람

두 가지 타입의 사람이 있다. 지난날을 그리며 아름다운 기억을 품고 사는 사람과 지난날을 후회하며 괴로워하는 사람.

당신은 어떤 사람이 되어야 할까? 당연히 지난날을 그리며 아름다운 기억을 품고 사는 긍정적인 사람이 되어야 한다. 이는 그동안 잘 살았다는 방증이 될 것이기 때문이다.

지난날을 추억하는 사람은 지난 삶이 좋은 기억으로 남아 있기 때문이다. 반면, 지난날을 후회하는 사람은 지난 삶이 괴로운 기억으로 남아 있기 때문이다. 지난날을 추억하는 당신이 되라. 즉, 인생을 잘 살라.

잘 거두고 싶다면 잘 심으라

선을 행하면 선으로 돌아오고,
악을 행하면 악으로 돌아온다.

종두득두種豆得豆,
콩을 심으면 콩이 나듯
무엇이든 심은 대로 거두는 법이다.

좋은 결과를 얻고 싶다면
좋은 것으로 행해야 한다.

 심은 대로 거두는 법이다. 진정 행복하게 살고 싶다면 선을 행하라. 매
사에 긍정적으로 행하라. 자신이 한 대로 그에 걸맞은 인생이 펼쳐질
것이다.

생각한 대로 살기

생각하는 대로 살면 생각한 대로 살고,
사는 대로 살면 산 대로 생각하게 된다.

하루 종일 하는 생각이
자신을 만든다.

잘 살고 싶다면,
좋은 생각을 하고,
생각한 대로 행동하라.

이것이 잘되는 비결이다.

 원하는 인생을 살고 싶다면 생각한 대로 행하라. 생각하는 대로 살면
생각한 대로 인생을 살 수 있다. 명심하라. 사는 대로 생각하면 원하
는 인생을 살 수 없다. 사는 대로 생각하게 되기 때문이다.

자신을 욕되게 하는 흠

결점은 자신의 분명한 흠이다.

그런데 흠을 두고도

고치지 않는 사람들이 있다.

그것은 자신을 스스로 욕되게 하는 일이다.

결점은 반드시 고쳐야 한다.

그래야 무탈하게 잘 살아갈 수 있다.

 말이 많다거나, 약속을 잘 지키지 않는다거나, 비난을 잘한다거나 하
는 것은 흠이 될 수 있다. 이런 흠은 자신을 욕되게 한다. 흠이 있다면
반드시 없애라, 인생의 걸림돌이 되지 않도록.

일에서 찾는 행복

진정으로 행복하길 바란다면
물질에서 행복을 찾지 말아야 한다.

있다가도 없는 것이
물질이기 때문이다.

그저 자신이 하는 일에서
행복을 찾아야 한다.

그래야 스스로 만족함으로써
오래가는 행복을 누릴 수 있다.

일은 영혼을
환히 밝히는 삶의 등불이다.

 일이 있다는 것은 축복이다. 특히 자신이 좋아서 하는 일은 그 자체가
곧 행복이다. 진정으로 행복해지고 싶다면, 좋아서 하는 일을 하라.

하루아침에 원하는 것을 이룰 수 없다

터를 파고 콘크리트를 치고 철 구조물로 틀을 짜 벽돌을 쌓아 올린다. 이런 과정을 거치지 않으면 절대로 빌딩을 짓지 못한다.

이 세상에 존재하는 것은 무엇이든 과정이 있는 법이다. 로마는 하루아침에 이루어지지 않았듯 꿈 또한 그렇다.

하루아침에 원하는 것을 이룰 수 없다. 차근차근 온 힘을 쏟을 때 비로소 꿈의 빌딩을 완성할 수 있다.

 그 어떤 일도 하루아침에 이룰 수 없다. 무슨 일이든 그 일을 해나가는 과정이 있다. 차근차근 과정을 거치면서 정성을 들일 때 아름다운 결과를 이룰 수 있는 것이다.

운명에 지배받지 말고 운명을 지배하라

운명을 이기는 자는
원하는 인생을 살고,

운명에 지는 자는
운명의 지배를 받는다.

절대
운명에 무릎 꿇지 말라.

운명을 지배하고
인생의 찬란한 빛을 발하라.

 운명의 지배를 받으면 원하는 인생을 살 수 없다. 그러니 운명을 지배
하라. 그 어떤 고난에도 맞서 싸워 이겨라. 이것이 운명을 지배하는 방
법이다.

날마다 자신을 성찰하기

좀 더 나은 삶을 살려면
생각을 새롭게 해야 한다.

그 새로운 생각으로
자기 일을 새롭게 하고,
자기 인생을 새롭게 해야 한다.

이를 위한
유일한 방법은 성찰하는 것이다.

성찰은 스스로 새로이 거듭나는
가장 보편적이면서 가장 탁월한 방법이다.

 새로운 삶을 살고 싶다면, 성찰하는 노력이 뒤따라야 한다. 성찰을 통해 스스로 거듭나야 한다. 매일 기도하고 묵상하며 자신을 돌아보라.

November. 18

고통의 참의미

뜻하지 않는 일로 고통받을 때가 있다.

그 고통이 클 땐
죽고 싶은 유혹을 받기도 한다.

그러나 그 고통을 이겨내면
반드시 좋은 일이 생긴다.

359

고통을 고통으로 여기지 말고
인생을 바꾸는 발판으로 여겨라.

그러면 의미 있는
인생이 열릴 것이다.

 뜻밖의 고통과 마주했을 때 힘들다고 불평하는 대신 고통을 이겨내
는 데 전력을 다하라. 고통을 이겨내면 새로운 일이 기다릴 것이다. 세
상의 모든 성과는 고통을 견디고 이뤄낸 결과물이다.

인생을 망치는 독

허영심은 누구에게나 있다.

그런데 어떤 사람은
허영심에 빠지지 않으나
또 어떤 사람은 허영심에 빠져
자신의 인생을 낭비한다.

허영심은
인생을 망치는 무서운 독이다.

허영심을 경계하고 멀리하라.

 허영심은 나약한 탓에 생기는 헛된 마음으로, 인생을 시나브로 망가뜨
리는 치명적인 독이다. 인생에 전혀 도움이 안 되는 허황한 것인 만큼
철저히 쏟아내라.

나눔의 행복

행복한 사람은
나누는 일에 인색하지 않다.

행복은
나누는 데서 오는
즐거움과 기쁨의 파랑새이다.

행복하길 바란다면
나누는 일에 기꺼이 참여하라.

 나눔은 자기 사랑을 공유하는 아름다운 행위이다. 나눔은 자신에게
도 행복을 선물해준다. 행복한 인생을 살고 싶다면 나누고 베푸는 일
에 성심을 다하라.

모든 것은 하나에서 시작된다

그 어떤 일도
한 번에 이룰 수는 없다.

작은 것부터
하나하나 진중하게 시작해야 한다.

열정과 정성을 다하다 보면
어느샌가 바라는 것을 이루게 된다.

모든 것은 하나에서
시작된다는 것을 잊지 말라.

무슨 일이든 단번에 좋은 성과를 낼 수 없다. 벽돌 쌓듯 차근차근히
해 나아가면 성과가 서서히 나타나는 것이다. 하나에서 시작하여 크
나큰 성과물을 만들라.

진정으로 자신을 위하는 일

사회와 이웃을 위해 자신의 열정을 바칠 수 있는 사람,
배려하고 헌신적인 사랑을 베풀 수 있는 사람, 양보하
고 나누는 것을 즐기며 행하는 사람.

이런 사람으로 살아갈 수 있다면 가장 아름답고 행복
한 인생이 될 것이다. 우리는 이런 삶을 살아야 한다.
이는 진정으로 우리 자신을 위하는 일이기 때문이다.

363

 사회와 이웃을 위해 열정을 바치고, 사랑을 베풀 줄 아는 사람이야말
로 진정 자신을 위하는 사람이다. 이는 곧 자기 행복을 추구하는 일이
기 때문이다.

사랑 앞에서 솔직하기

진실한 사랑을 원한다면
서로에게 숨기는 것이 없어야 한다.

숨기는 것은
사랑하는 이에 대한 배반이다.

숨기지 말라.

솔직한 사랑,
그것이야말로 진정한 사랑이다.

 사랑한다면서 자신을 숨기는 사람이 있다. 이는 사랑하는 이에 대한
예의가 아니다. 자칫 사랑을 잃을 수 있으니, 사랑 앞에서는 솔직하라.

변함없는 사랑

사랑이 시시각각으로 변한다면
불안하고 곤혹스러울 것이다.

어디다 기준을 둘지 모르기 때문이다.

그런 까닭에
사랑은 절대 변하면 안 된다.

사랑은 변함이 없어야
서로를 믿고 더욱 신뢰하게 되는 것이다.

 사랑한다면 자신의 사랑이 변하지 않도록 하라. 그것이야말로 서로를 신뢰하며 오래도록 사랑을 이어가는 지혜이다.

둘이 함께 가는 인생의 길

결혼은 혼자인 각자가 만나
하나 되어 함께 살아가는 것이다.

혼자 있을 땐
늘 무언가 불안하고 초조했다면,

둘이 함께하면 너끈히
불안함과 초조함을 이겨낼 수 있다.

둘이 함께 가는 인생길,
그 길은 가치 있는 행복한 길이다.

 인류지대사라고 하는 결혼. 그만큼 결혼은 사람의 인생에서 매우 중요
한 일이다. 결혼생활을 행복하게 이어가고 싶다면, 서로가 서로에게
잘 맞춰야 한다. 결혼은 둘이 함께 가는 인생길이다.

헌신적인 사랑

온 마음을 다해
사람을 아끼고 보듬는 것은
참으로 귀한 일이다.

그런 일은
헌신적인 사랑이 있어야 가능하다.

인간성이 점점 메말라가는
오늘날 꼭 필요한 것은
헌신적인 사랑이다.

서로 배려하며 헌신의 사랑으로
이 살벌한 시대를 회복하자.

 헌신적인 사랑이 위대한 까닭은 자신의 전부를 내어주기 때문이다.
그만큼 힘들고 어려운 행위이다. 그럼에도 헌신적인 사랑을 행하라.
이는 지금 우리 사회에 절실한 일이다.

가장 무서운 적

이 세상에서
가장 무서운 적은 바로 자기 자신이다.

자신을 이길 수 있다면
그 어떤 것도 충분히 해낼 수 있다.

자신을 이기는 습관을 길러라.

자신을 이기는 사람만이
자신이 원하는 것을 얻을 수 있다.

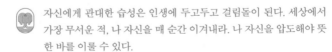 자신에게 관대한 습성은 인생에 두고두고 걸림돌이 된다. 세상에서 가장 무서운 적, 나 자신을 매 순간 이겨내라. 나 자신을 압도해야 뜻 한 바를 이룰 수 있다.

November. 28

몸과 마음이 지칠 땐

몸과 마음이 지칠 땐,

하던 일을 잠시 내려놓고,

차 한 잔을 마시거나,

음악을 듣거나, 산책을 하거나,

여행을 하거나, 좋은 글을 읽거나

하며 긴장을 풀어주라.

몸과 마음이 가벼워질 것이다.

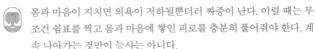

몸과 마음이 지치면 의욕이 저하될뿐더러 짜증이 난다. 이럴 때는 무조건 쉼표를 찍고 몸과 마음에 쌓인 피로를 충분히 풀어줘야 한다. 계속 나아가는 것만이 능사는 아니다.

인생을 바꾸는 기회

실패는 으레 마주하는
생의 불청객이다.

문제는 실패를 마주했을 때
자신을 못난 사람이라고
스스로 자책하는 것이다.

이는 매우 잘못된 일이다.

실패를 새로운 출발점으로 생각하라.

그러면 실패는 더 이상 실패가 아니라
인생을 바꾸는 기회가 될 것이다.

 실패는 성공의 징검다리다. 세상의 모든 성공은 수많은 실패를 딛고
이겨낸 결과물이다. 실패를 두려워하지도, 부끄러워하지도 말라. 실패
를 인생 역전의 기회로 삼고 다시 힘껏 정진하라.

마음을 가난하게 하라

이런 성구聖句가 있다.

'마음이 가난한 자는 복이 있나니
천국이 저들의 것이다.'

마음이 가난한 자는 탐욕이 없고 분수를 안다.

그런 까닭에
죄의 길에 들지 않고 옳은 길로만 간다.

마음을 가난하게 하라.

 마음이 가난한 자들은 탐욕에 대한 집착이 적다. 그런 까닭에 그들은
죄의 길에서 멀리 떨어져 있다. 마음을 가난하게 하라. 그리고 안분지
족(安分知足)하라.

Dec.

생이 깊어질수록
해야 할 것들

행복의 원동력

사랑은 모든 불행을
행복으로 바꾸는 원동력이다.

사랑은
모두를 행복하게 하는 근원이다.

사랑은
불가능을 가능하게 하는 원천이다.

행복한 인생을 살고 싶다면,
자신을 복되게 하고 싶다면,
자신을 겸허히 하고
자신을 사랑하라.

 불행을 행복으로 바꾸는 원동력은 사랑이다. 사랑하는 마음을 소중
히 여겨 행하면, 그 어떤 불행도 능히 행복으로 바꿀 수 있다.

문제를 해결하는 가장 확실한 방법

살다 보면
많은 문제에 봉착하게 마련이다.

자신에게 문제의 원인이 있어서
문제가 발생하는 경우가 대부분이지만,
뜻하지 않는 일로 생기는 문제도 있다.

이럴 땐 난감해하며 쩔쩔매게 된다.

이런 문제를 해결하기 위해서는
가능한 방법을 다각도로 강구해야 한다.

그것이 문제에서 벗어날 수 있는
가장 확실한 방법이다.

 문제가 닥쳤을 때 당황하지 말라. 다각도로 가능한 방법을 모두 강구
하고 행하라. 그것이 문제를 해결하는 최선책이다.

사랑에 일방통행이란 없다

아름다운 사랑을 꿈꾼다면,
행복한 인생을 바란다면,
사랑하는 사람을 만족시켜라.

상대방 또한 자신의 모든 것으로
당신을 사랑할 것이기 때문이다.

사랑에 일방통행이란 없으니,
사랑은 양방통행이다.

 사랑은 양쪽의 무게가 같을 때 오래간다. 한쪽으로 기울어진 사랑은
깨지기 십상이다. 일방통행이 아닌, 양방통행으로 사랑은 공평하게 오
가야 한다.

생이 깊어질수록 해야 할 것

생이 깊어질수록
자신에게 부끄러움이 없어야 한다.

부끄러움이 있다면
인생을 잘못 살았다는 방증이다.

자신에게도 타인에게도 사회에도
떳떳하고 자긍심을 가질 수 있도록 하는 것,

그것이야말로
깊어지는 생에 해야 할 것이다.

 인생살이는 결국 자기 인생을 멋지게 마무리해 나아가는 과정이다.
그런 까닭에 스스로 부끄러움이 없어야 한다. 수오지심(羞惡之心)을
가슴에 품고 생을 올바로 이어가라.

자신만의 철학 갖기

뿌리가 견고한 나무는
강력한 태풍에도 쓰러지지 않는다.

마찬가지로
자신만의 철학을 가진 사람은
견고한 정신적 뿌리로
그 어떤 시련에도 동요하지 않는다.

자신만의 철학을 정립하라.

그것이 자신의 인생을
튼튼하게 하는 최선의 비결이다.

 자기 철학이 있어야 세상에 휘둘리지 않는다. 자신만의 철학을 가져
라. 철학이 있는 사람이 세상의 중심에 굳건히 선다.

생각의 방식이 성패를 결정한다

같은 문제도
어떻게 생각하느냐에 따라
결과는 확연히 달라진다.

요컨대 생각의 방식이 성패를 결정한다.

지금 하는 일을 성공시키고 싶다면
남과 다른 나만의 생각 방식으로 매진하라.

 일을 진행할 때 생각의 방식은 매우 중요하다. 생각 방식에 따라 일의
결과가 달라지기 때문이다. 독보적인 나만의 생각 방식을 구축하고
실행하여 하는 일마다 성공하라.

삶은 그 자체가 모험이다

삶의 그 어떤 것도
모험 아닌 것이 없다.

삶은 길을 알 수 없는
미지의 동굴이다.

한 치 앞도 안 보이는 인생살이,
모험하듯 신중히 자기 길을 가라.

가다 보면 그토록 꿈꾸던
삶의 목적지에 이를 것이다.

 가보지 않은 인생길은 미지의 길이다. 그래서 우리는 모두 인생의 개
척자다. 모험하듯 신중하게, 때론 도전적으로 나아가라. 가다 보면 행
복한 길이 개척될 것이다.

진리에 이르는 길

진리에 이르는 길은
내가 진실할 때만 가능하다.

내가 진실하지 않은데
어떻게 진리에 이를 수 있을까.

그러니 그 어떤 상황에서도
진실하고 또 진실해야 한다.

진리는 진실에서 오는
거룩한 탐구의 발자취이다.

진실하지 않은 사람은 진리에 이르지 못한다. 진실과 진리는 '참됨'이
라는 공통 분모를 지닌 까닭이다. 진리에 이르고 싶다면 진실하라.

배움의 진정한 목적

배움이
경쟁과 취업의 수단으로
전락한 지 오래다.

배움의 본래 가치는
경쟁과 취업에 있지 않다.

배움의 진정한 목적은
배움으로 철학과 사상을 정립하는 것이다.

배움의 가치를 오도誤導하지 말아야겠다.

 배움은 자기 철학과 사상을 쌓아가는 고차원적 활동이다. 자신만의 철
학과 사상이 뚜렷한 사람은 잘못된 길로 가지 않는다. 그러니 열성을
다하여 배움에 임하라.

매사에 감사하라

감사를 잘 표하는 사람이
잘된다는 말이 있다.

감사를 잘 표하는 사람은
매사에 긍정적이고 친절하다.

무엇에든 적극적이니,
어떻게 안될 수 있을까.

일마다 잘되고 행복해지고 싶다면
매사에 감사하면서 즐겁게 살라.

 감사하는 마음엔 '진정성'이 담겨 있다. 감사를 잘 표하는 사람은 매사
에 긍정적이며 성실하다. 그러니 잘될 수밖에. 매 순간 일단 감사하라.

여행의 의미

여행을 좋아하는 사람은
그저 여행을 즐긴다.

반면, 여행의 참맛을 아는 사람은
여행으로 새로운 것을 발견하려 한다.

새로운 눈, 새로운 생각,
새로운 가치를 갖는 것.

이것이야말로
여행의 진정한 목적이다.

 여행을 단지 보고 먹고 즐기는 것으로만 여긴다면, 그것은 소모적인
일이 될 수도 있다. 보고 먹고 즐기는 것을 넘어 여행을 새로운 생각과
새 힘을 축적하는 생산적 기회로 삼으라.

December. 12

이기심 버리기

자신만 아는 사람,
이런 이들로 가득 찬 사회는 죽은 사회다.

자신만 아는 이기주의자들은
사회 질서를 흩뜨리고 타인을 곤경에 빠뜨린다.

활기찬 사회, 생명력 넘치는 사회에서
행복하게 살고 싶다면
타인을 배려하는 데 힘을 써야 한다.

이는 스스로 잘되게 할뿐더러
모든 불행에서 벗어날 최선의 방책이다.

 이기심 넘치는 사회는 사분오열되어 불행해진다. 반면, 배려심 넘치
는 사회는 하나가 되어 행복해진다. 나만 잘되려고 이기적으로 행동
하는 것은 결국 자신을 추락시키는 것이다.

December. 13

공유하는 행복

자신만을 위한 행복이
울타리의 행복이라면

다른 사람과 공유하는 행복은
무한광대無限廣大한 우주의 행복이다.

자신을 스스로 돕듯 남을 도울 때
행복은 품 넓게 공유된다.

그런 삶을 산다는 것,
그게 가장 아름다운 축복이다.

 기쁨을 함께할 때 기쁨이 배가되듯, 행복 또한 함께할 때 더 큰 행복감
을 느끼게 된다. 더 큰 행복을 위해 행복을 공유하라.

실존적 행위의 근본

무슨 일을 할 땐
생각에 생각을
거듭한 끝에 시작하라.

생각을 충분히 한 만큼
일의 잘못은 줄어드는 법이다.

생각은
실존적 행위의 근본이다.

 나는 생각함으로써 존재한다는 데카르트의 말처럼 생각은 실존적 행
위의 근본이다. 그러니 생각하고 또 생각하라.

모든 것을 사랑한다는 건

세상에 존재하는 모든 것을 사랑한다는 것은 분명, 말처럼 절대 쉬운 일이 아니다.

하지만 그럼에도 우리는 그렇게 해야 한다. 모든 것을 사랑하는 건 인간으로서 마땅히 해야 할 의무이자 책임이다.

모든 것을 진실로 사랑하라. 이 또한 바라는 인생 실현에 큰 도움이 될 것이다.

 관심을 기울이면 애착이 생긴다. 애착하면 자연히 애정하게 된다. 사랑하는 마음은 그렇게 깊어진다. 모든 것을 사랑하라. 더 나은 인생이 실현될 것이다.

December. 16

변하지 않는 삶의 본질

진실도 상황에 따라
아픔을 주고 상처가 되기도 한다.

하지만 그렇다고 해서
진실을 외면해서는 안 된다.

진실은 때로 오해를 사지만
변하지 않는 삶의 본질이다.

진실은 영원한 진실이다.

 진실은 어떤 경우에도 지켜져야 한다. 진실이 상황에 따라 변한다면
그것은 허위이다. 진실은 변하지 않는 삶의 본질이다. 진실 없는 삶은
죽은 삶이다.

만족한 삶을 살고 싶다면

살면서 만족을 얻는다는 것,
그것은 누구나 바라는 일이다.

그러나 만족은 그냥 오지 않는다.

만족을 얻을 일을 할 때
비로소 만족할 수 있다.

만족한 삶을 살고 싶다면
하는 일에 최선을 다하고,
남을 도와주는 일 또한 즐겁게 하라.

 많은 이가 자기 삶을 만족스럽게 여기지 않는다. 이는 물질로만 만족
을 얻으려고 하기 때문이다. 진정으로 만족하길 바란다면, 자기 일은
물론 남을 도와주는 일에도 열성을 다하라.

거울 같은 존재

타인은
자신의 거울과 같은 존재이다.

타인이 하는 것 중 자신에게
유익이 될 수 있는 것은 다 배워야 한다.

특히 성공적인 인생을 살았던
사람들은 훌륭한 인생 교과서이다.

그들의 경험이
자신에게 훌륭한 삶의 지표가 됨을
가슴에 새겨 실행할 때
자신이 원하는 삶을 실현할 수 있다.

 닮고 싶은 사람을 롤모델로 세워라. 그를 거울화하고 그의 좋은 점을
배우라. 그리고 그의 경험을 훌륭한 인생 지침으로 삼아 실천하라.

파멸의 독

질투는 이성의 눈을 흐리게 하는
검은 연기와 같다.

질투는 이성을 무너뜨리고,
자신에게도 타인에게도
화를 일으키는 파멸의 독이다.

무엇 하나 도움 되지 않는 질투,
마음에서 반드시 뽑아내야 한다.

 누구나 질투심은 있다. 문제는 질투의 표출이다. 질투심에 휩싸이면
이성을 상실하고 위험한 일을 벌이기도 한다. 질투심에 사로잡히지 말
라. 한순간의 질투로 인생을 망치지 말라.

December. 20

사람의 향기

사람들이 꽃을 좋아하는 까닭은
기분 좋게 하는 향기 때문이다.

이렇듯 꽃은
자신의 향기로 사람들을 끌어들인다.

우리 또한 자신을 좋아하게 하려면
사람의 향기를 풍겨야 한다.

사람다움,
그게 바로 사람의 향기다.

 사람답게 말하고 행동하는 사람에게는 향기가 난다. 그래서 그런 사
람과 가까이하고 싶은 마음이 든다. 사람다운 사람, 사람답게 사는 사
람의 향기를 품고 살라.

자기 삶에 대한 도리

인생이란 무엇인가?

이 물음에 확답하지 못한다는 건
인생길이 녹록지 않음의 방증이다.

분명한 것은 진리 안에서
신념을 갖고 살아야 한다는 사실이다.

물론 그렇게 산다는 것은 쉽지 않지만,
그럼에도 그렇게 해야 한다.

그것이 인간의 숙명이자
자기 삶에 대한 도리이다.

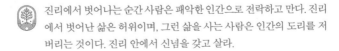

진리에서 벗어나는 순간 사람은 패악한 인간으로 전락하고 만다. 진리
에서 벗어난 삶은 허위이며, 그런 삶을 사는 사람은 인간의 도리를 저
버리는 것이다. 진리 안에서 신념을 갖고 살라.

선택은 자신의 몫

무언가를 할 때
그것을 선택하는 건 자신의 몫이다.

그런데 이 선택권을 놓고
남에게 기댄다면?

그것은 스스로
선택권을 포기하는 짓이다.

매사에
강한 의지로 결단하라.

내 인생의 주인은
바로 나 자신이다.

 선택은 자신의 몫이다. 물론 주변인에게 조언받을 수 있다. 하지만 결국 선택은 자신이 해야 하는 것이다. 지혜롭게 선택하고 의지로써 그 선택에 책임을 다하라.

좋아한다는 것은

좋아하는 것은

단지 좋아하는 것일 뿐이다.

사랑한다는 것은 사랑을 통해서만 가능하다.

그러니까,

좋아하는 것은 사랑하는 것이 아니다.

사랑을 위한 전주곡이다.

좋아하면 그다음엔 사랑이 되기 때문이다.

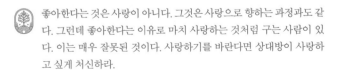 좋아한다는 것은 사랑이 아니다. 그것은 사랑으로 향하는 과정과도 같다. 그런데 좋아한다는 이유로 마치 사랑하는 것처럼 구는 사람이 있다. 이는 매우 잘못된 것이다. 사랑하기를 바란다면 상대방이 사랑하고 싶게 처신하라.

December. 24

최후의 승리자

성공한 이들의 공통점 중 하나가
끝까지 해내는 힘이 강하다는 것이다.

이처럼 충실하게 노력한다는 것은 쉽지 않다.

그럼에도 자신이 바라는 것을
취하기 위해서는 충실하게 노력해야 한다.

노력을 충실히 다하는 자가 최후의 승리자다.

 결실을 보려면 끝까지 해내야 한다. 중도에서 포기하면 그 어떤 것도
이룰 수 없다. 끝까지 해내는 힘, 이것이야말로 결실에 이르는 최선의
추동력이다.

어떤 생각의 눈으로 보느냐가 중요하다

꽃을 보듯 사랑하는 이를 보면 그이는 꽃보다 더 향기롭게 다가오고, 별을 보듯 사랑하는 이를 보면 그이는 별보다 더 빛나게 다가오고, 나무를 보듯 사랑하는 이를 보면 그이는 나무보다 더 듬직하게 다가온다.

사랑하는 사람도 어떤 생각의 눈으로 보느냐에 따라 각기 다르게 다가오듯, 세상의 모든 일 또한 어떤 생각의 눈으로 보느냐에 따라 달라진다. 자기 가슴에 별이 되기도 하고 매서운 비바람이 되기도 하는 것이다.

 같은 것도 어떤 눈으로 보느냐에 따라 달라지듯, 무슨 일을 하는데도 어떤 생각을 하느냐에 따라 그 결과가 달라진다. 생각의 눈을 맑고 바르게 하라.

불행과 슬픔의 바이러스

인간이 사랑을 하는 까닭은
태초로부터 고독한 존재이기 때문이다.

고독하지 않으면 인간이 아니다.

고독하기 때문에 인간이다.

그럼에도
고독을 방치하지 말아야 한다.

방치된 고독은 행복을 파괴하고
진실한 마음을 부숴버리는
불행과 슬픔의 바이러스이기 때문이다.

 사람은 대개 고독할 때 자기 내면을 들여다보게 된다. 그러나 지나친
고독은 마음을 혼란스럽게 하고, 우울하게 만든다. 그런 까닭에 심한
고독은 삶을 파괴하기도 한다. 극도의 고독은 경계하라.

독서의 정의

책은

읽는 것이 아니라 배우는 것이다.

그리고 배운 것을 하나하나 실천할 때

비로소 온전한

책 읽기가 완성되는 것이다.

 책 읽는 행위는 곧 배우는 행위이다. 가능한 한 책을 많이 읽어라. 그
만큼 배움으로써 인생의 내공 또한 깊어질 것이다.

December. 28

허물이라는 거울

세상에 허물없는 사람은 없다. 그런데도 어떤 이는 허물을 부끄러워하며 자꾸만 감추려 한다. 그러고는 완벽한 인물인 듯 허세를 부린다. 이는 자신을 스스로 용렬하게 하고 부끄럽게 하는 짓이다.

허물을 감추려고 하지 말라. 자신의 허물을 인정하되, 허물에 무뎌지는 일은 경계하라.

허물을 반면교사로 삼으라. 허물 또한 자신을 비추는 거울로 삼으면 지혜가 된다.

 남의 허물이 나의 거울이 되듯, 나의 허물 또한 남의 거울이 된다. 그러니 허물을 억지로 감추려 하지 말라. 그저 허물을 통해 바른 마음을 가져라.

말의 무덤에 갇히지 않기

말ㄹ의 무덤에
갇히는 사람들은 말로 인해서다.

그들은 자신이 말의 무덤에
갇히리라는 걸 전혀 의식하지 못한다.

그들의 고장난 수도꼭지처럼
쉴 새 없이 거친 말을 쏟아낸다.

그들의 뛰어난 능력 또한
말의 무덤에 갇힌 채
인생의 무대에서 영영 사라지고 만다.

 말이 많으면 실수가 따르는 법이다. 말을 하되, 불필요한 말은 삼가라.
자칫 자신이 한 말의 무덤에 갇힐 테니까. 생각 없이 하는 비난 등의
말은 삼가라.

사랑의 참된 가치

사랑은 가장 아름다운 삶의 가치이자 기쁨의 원천이다. 그래서 사랑을 실천하면 타인의 삶도, 자신의 삶도 풍요로워진다.

가벼이 백 마디 말로 사랑을 말하지 말라. 마더 테레사 Mother Teresa 수녀는 말했다.

"어떤 형태로든 사랑은 실천하는 것이다."

지극히 작은 사랑이라고 할지라도 실천하라. 작은 사랑의 실천이 중요한 까닭은 그것이 곧 사랑의 표현이기 때문이다.

 사랑은 말이 아니다. 행동으로 보여줘야 사랑이다. 백 번 말로만 하는 사랑은 쭉정이와 다를 바 없다. 행동으로 하는 사랑이 진짜 사랑이다.

젊게, 멋지게 살기

젊게, 멋지게 살라.

좀 더 환하게
좀 더 탄력 있게
좀 더 생기 넘치게 살라.

날마다 자신을 코디하는
스타일리스트가 되라.

 나이 들수록 더 깔끔하게 자신을 가꿔야 한다. 그래야 좀 더 생기 있는 삶을 살 수 있다. 나이는 정말 숫자에 불과하다. 스스로 가꾸며 젊게, 멋지게 살 때 그만큼 행복은 커진다.